は じ め に

　私たちは、日常の生活においても地震や火災、不慮の事故による怪我など、突然身の危険にさらされてしまうことも少なくありません。そして、これらの危険に遭遇したとき、とっさに何ができたかによって生死がわかれ、また被害の程度も大きく変わってきます。不意に襲ってくる危険を回避し、身の安全を守るためには、私たち一人ひとりが日頃からその備えを心掛けておくことが何よりも大切なことです。

　この本は、私たちの日常生活のさまざまな場面で、地震や火災、風水害、怪我などに遭遇した場合を想定し、とっさにとるべき方法やその後の対処の仕方などを、平易な言葉とイラストで、わかりやすく説明しました。

　地震や火災や風水害は私たちの周りで頻繁に発生しております。その都度災害に対する意識を新たにし、備えを見直すためにこの本を役立ててほしいと思います。

　令和元年７月

　　　　　　　　　　　　　　　　一般財団法人 日本防火・防災協会

地震に備えて

家では

地域では

火 災 編

火災発生！そのときどうする？

火災時の行動

火災発生！その後どうする？

生活再建に向けて

火災に備えて

こんなことから火災が

風水害編

救急編

付　録

コラム

風水害編

救急編

地震編

　地震はいつ、どこで、どのくらいの大きさで発生するのか、すべてを確実に知ることは現在の段階では困難です。
　いつかは大きな地震がくるだろうと、誰もが思っているはずです。
　しかし、あなたは、自分や家族が被災者になることを、真剣に考えたことがありますか？
　揺れてからでは、遅いのです！
　もう一度、あなたの防災対策を見直してください。
　家族と自分の命を守るために。　　　　　　（写真提供：大阪市消防局）

ここが危ない！(住まいの中は危険がいっぱい)

　大地震が起きた場合には、立つこともできないほど激しく揺れます。倒れてくる家具から身を守ろうとしても、一瞬のことで、思うように動けず、下敷きになることも。
　家の中だけでも、至るところに危険がひそんでいます‼

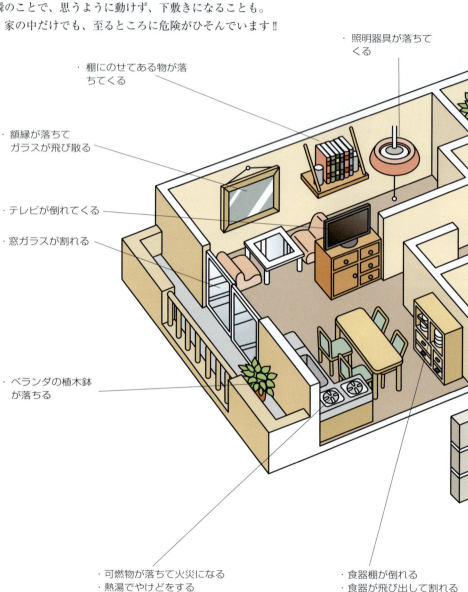

・照明器具が落ちてくる

・棚にのせてある物が落ちてくる

・額縁が落ちてガラスが飛び散る

・テレビが倒れてくる

・窓ガラスが割れる

・ベランダの植木鉢が落ちる

・可燃物が落ちて火災になる
・熱湯でやけどをする

・食器棚が倒れる
・食器が飛び出して割れる

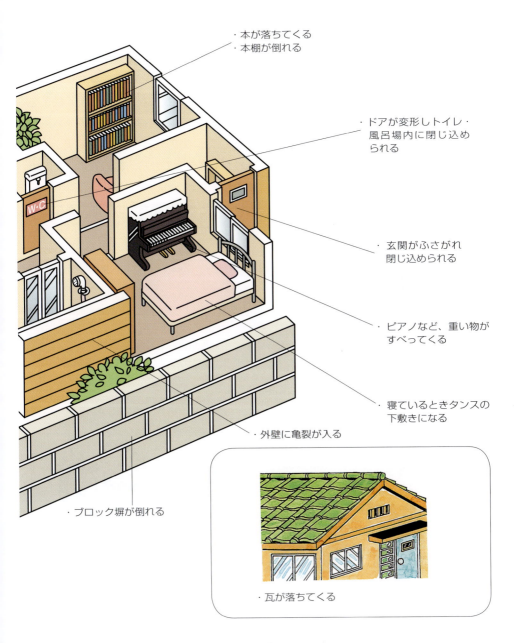

・本が落ちてくる
・本棚が倒れる

・ドアが変形しトイレ・風呂場内に閉じ込められる

・玄関がふさがれ閉じ込められる

・ピアノなど、重い物がすべってくる

・寝ているときタンスの下敷きになる

・外壁に亀裂が入る

・ブロック塀が倒れる

・瓦が落ちてくる

3

地震発生！そのときどうする？

台所で料理をしていたら

地震だ！　まず身の安全

- 地震のときは、無理して火を消そうとせずに、まずテーブルなどの下に身を伏せ、身の安全を図り、揺れがおさまるまで様子をみます。

落ち着いて、火の元確認・初期消火

- 揺れがおさまってから、あわてずに火の始末をします。
- 出火したときは、落ちついて消火器などで消火します。

■火を消すポイント■

1. 揺れを感じたとき
   まず身の安全を図ります。
2. 揺れがおさまったとき
   揺れがおさまってから、あわてずに消火します。
3. 出火したとき
   たとえ出火しても、1〜2分では大きく燃え広がりません。
   消火器などで消し止めます。

火を消すときは、やけどに注意しましょう。

寝室にいたら

布団をかぶって頭を保護

- 揺れが大きいときは、布団を頭からかぶって身を守ります。
- できればベッドの下にもぐり込むか、家具が倒れてこないところに身を伏せます。

床には割れたガラスがいっぱい

- 割れた窓ガラスや蛍光灯の破片でけがをすることがあるため、枕元にはスリッパや懐中電灯、携帯ラジオなどを置いておきましょう。

隣近所にひと声かけて

- 寝たきりや病気の人がいたら、ふだんから隣近所に協力を頼んでおきましょう。応急担架の作り方を知っておくことも必要です。

揺れでどこかに転がってしまうことも。袋に入れて壁やベッドに固定しておきましょう。

■ 理想の寝室とは？ ■

　寝室には家具を置かないことが理想です。どうしても置く場合は、家具を固定します。また、寝ている場所や出入口に倒れてこない配置を工夫しましょう。

風呂・トイレに入っていたら

狭い場所こそ安全地帯

◦ 風呂場やトイレは面積の割に柱や壁が多いので、比較的安全だと言われています。

◦ ドア枠がゆがまないうちにドアを開けて、出口を確保します。

◦ （最低限の衣類を身につけたら）揺れがおさまるのを待って避難しましょう。

上から物が落ちてくる

◦ 風呂場ではタイルや鏡、トイレでは水洗用のタンクが落ちてくることがあります。

◦ 湯船の中では、風呂のふたなどをかぶって揺れがおさまるのを待ちます。

■ 1階と2階、どちらが安全？ ■

　地震のときは、比較的1階から崩れる場合が多いので、2階の方が安全だと言われています。

　しかし、火災の場合は炎や煙が上の方に向かうため、2階の方が危険が大きくなります。

　つぶれない家をつくって、お年寄りや身体の不自由な人の部屋は、1階にしましょう。

マンションにいたら

脱出口の確保

◦ 揺れがおさまったら、ドアを開けて出口を確保します。ドア枠がゆがみ、扉が開かなくなることがあります。

◦ 家具などは出入口をふさがないように配置しましょう。

あわてて外に飛び出さない

◦ テーブルなどの下に身を伏せ揺れがおさまるまで待ちます。

◦ 上からの落下物が窓ガラスを割って飛び込んでくることもあります。窓には近寄らないようにしましょう。

あわてて外に飛び出すのは危険です。

玄関から避難できないとき

◦ 避難はしごやロープを利用して窓から避難します。

  ※ エレベーターは使わないように。避難するときは階段で。

ベランダの仕切りを破って隣の部屋から避難します。

7

学校にいたら

勝手な行動は禁物

- 座布団や防災ずきんなどで頭を守って、机の下に身を伏せます。
- 先生や校内放送の指示に従いましょう。
- 登下校中だったら、学校か家のどちらか近い方に向かいましょう。

実験室では…使っている火はすぐに消しましょう。

図書室では…本棚が倒れることもあります。安全な場所に移動しましょう。

体育館・グラウンドでは…中心部に集まり、先生の指示に従いましょう。

廊下・階段では…その場にうずくまるか、近くの教室に入って机の下に身を伏せましょう。

オフィスにいたら

資料棚はとても危険

- ロッカー、資料棚、事務機などから離れて机の下に身を伏せます。
- 窓際から離れましょう。蛍光灯の真下も危険です。
- 上の階ほど揺れは大きくなります。自分が何階にいるか把握しておきましょう。

火元の確認

- 揺れがおさまったらガス湯沸器などのスイッチを切ります。
- 火災が発生したら、消火器や屋内消火栓を使って消火します。

あわてて外に飛び出さない

- オフィス街では、窓ガラスや看板が落下してくることがあります。頑丈な建物なら中にいた方が安全です。
- 障害物のない廊下は比較的安全です。

  ※ 揺れによって電話の受話器がはずれることがあります。忘れずに元に戻しましょう。

外の看板が飛び込んでくることもあります。

会社のロッカーに、スニーカーやジーンズを入れておくと、もしものときに役立ちます。

■ 火の始末、ドアの開放、どっちが先？ ■

　大きな地震では、「火の始末」にはこだわらず、まず「身を守る」ことです。落下物や倒れてくる家具から身を守り、安全と冷静さを確保することが大切です。その後に、窓やドアを開け、避難口を確保します。

デパート・スーパーなどにいたら

落下・転倒物がいっぱい

- 商品や陳列棚などの下敷きにならないよう、安全な場所へ移動します。
- 柱や壁ぎわに身を寄せ、衣類や荷物などで頭を守ります。
- ガラス製品や瀬戸物、照明器具の落下にも注意しましょう。
- 持ち物にこだわらず、両手は空けておきます。

将棋倒しのおそれあり

- 出入口に殺到すると、パニックを起こします。店員の指示に従って、落ちついて行動しましょう。
- 階段では将棋倒しの危険があるので、駆け降りたりしないようにします。
- エレベーターは使ってはいけません。
- 停電してもあわてず、誘導灯や非常照明をたよりに行動しましょう。

頭を保護するのに買物かごも役立ちます。

■ 子供の行動は予測がつかない ■

　子供は、突然の大地震でパニックになると、不安のあまり突然走り出したり、ぼう然と立ちすくんだりして、逃げ遅れるおそれがあります。子供はしっかりと抱きかかえ、手を離さないこと。子供がそばにいないときは、「○○の下にもぐりなさい！」というように、大声で具体的な避難場所、行動を指示しましょう。

劇場や映画館などにいたら

いすの間が一番安全

- いすの間にしゃがみ、カバンや衣類で頭を守ります。
- 頭上に大きな照明などがある場合は、その場から離れます。

停電してもあわてない

- 誘導灯や非常照明はつきます。あわてて出口に殺到せず、係員の指示に従いましょう。
- 避難口を確認しておきましょう。

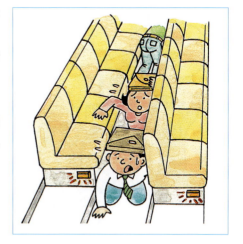

■ エレベーターの中で地震にあったら ■

- 自動着床装置がついていれば、最寄りの階に止まるようになっています。もしついていなければ、すべての階のボタンを押して、停止した階で降りるようにします。
- 途中で止まったら、非常用連絡電話などで、外部と連絡をとりましょう。
- ドアが開かないときでも、いつ動き出すかわからないので、むやみに非常脱出口から出ないで救出を待ちます。

地下街を歩いていたら

地下街は地上より安全

- 地下は地上の建物より揺れが少なく、比較的安全です。
- 避難口に殺到せずに、壁ぎわに身を寄せ、落下物から身を守ります。

停電してもじっと待つ

- 停電になっても、非常照明がつくまでむやみに動かないこと。
- デマに惑わされずに、防災センターなどの非常放送の指示に従いましょう。
- 日頃から、小型の懐中電灯を持ち歩くと、いざというときに便利です。

もし火災が発生したら

- 煙の充満が早いので、誘導灯に従って早めに地上に避難します。
- ハンカチやタオルで鼻と口をおおい、姿勢を低くして、はうように避難します。壁伝いに進めば、必ず出入口にたどりつきます。

あわてないで
くださーい！

■ 地下は思ったより安全 ■

　地下というと、誰もが「つぶれて閉じ込められる」「停電して暗闇になる」といった恐怖を感じますが、これは誤解です。

　地下街・地下鉄は、耐震性を十分考慮して設計されていて、関東大震災級の地震が起こっても致命的な損傷は受けないようになっています。一時的に停電になっても非常用の照明がつきます。

外にいたら

商店街・繁華街を歩いていたら

塀、壁、柱のそばは危険

◦ ブロック塀、石壁、門柱、電柱、自動販売
　機から離れましょう。倒れたり、崩れてく
　るおそれがあります。

◦ 切れて垂れ下がった電線には、絶対に触れ
　ないこと。

◦ 道路の亀裂や陥没にも注意しましょう。

建物には近づかない

◦ 窓ガラスや屋根瓦、看板などが落ちてきま
　す。建物には近づかず、広場などへ避難し
　ましょう。

◦ 手荷物などで頭を守ります。何もなければ、
　腕で頭をおおいましょう。

■ 町の中でのこんな避難 ■

◦ 広い道路があれば
　落下物や自動車に気をつけながら、道路の中央に避難します。

◦ 歩道橋の上では
　柵につかまり、しゃがみこんで揺れがおさまるのを待ちます。

◦ ビルに逃げ込む場合は
　できるだけ新しく丈夫そうなビルを選び、中に入って様子を見ます。

電車・地下鉄・バスなどに乗っていたら

足をふんばり、姿勢を低く

- 手すりやつり革、座席につかまり、姿勢を低くします。
- 座っている場合は、前かがみになって手で頭をおおい、腰から足に力を入れます。

乗務員の指示に従う

- 途中で止まっても、勝手に車外へ出ないようにします。
- 地下鉄は、線路わきのレールから電気を取っていることがあるので、むやみに線路に降りると感電します。

ホームでは

- 掲示板などの落下物に注意しましょう。
- もし線路に落ちてしまったら、ホーム側に体を寄せて、うつ伏せになります。

網棚から物が落ちてきます。カバンなどで頭を守りましょう。

時刻表、掲示板、時計、蛍光灯などが落ちてきます。ベンチの下や柱の陰に身を隠すとよいでしょう。

14

車を運転していたら

急ブレーキはかけない

- ハンドルをしっかり握り、徐々に速度を落とします。急ブレーキは、大事故の原因になります。
- 地割れや陥没にも注意しましょう。
- 橋やトンネルは注意して通過しましょう。

緊急車の通り道を空けておく

- 道路の左側に停車し、エンジンを止めます。
- トンネルの入口や交差点には停車しないこと。

車を離れるとき

- 揺れがおさまるまで車外には出ず、ラジオで正確な情報を聞きましょう。
- 車を離れるときは窓を閉め、ドアはロックせずにキーをつけたままにします。

キーをつけておけば、移動できます。
車を停めた場所をメモしておくと便利です。

■ 高速道路では ■

　高速道路ではスピードが出ているので、後続車に追突されないよう、後方をよく確認します。道路の異常や車両火災が発生したら、設置されている非常電話で連絡しましょう。
　いざというときは、警察や係員の指示に従って行動しましょう。

川や丘陵地にいたら

逃げるときは横方向に

∘ 上流にダムがある場合、ダムが壊れるおそれがあります。

∘ 逃げるときは川と直角方向の高台に避難します。（上流や下流に避難しないこと。）

∘ 河口付近にいるときは、すぐに高台へ避難しましょう。

がけ崩れから逃げる

∘ 地鳴りがしたら、すぐに高台へ逃げます。

∘ 間に合わなければ、土砂を正面からかぶらないように、大きな木の下に隠れます。

∘ 頭を守り、落石から身を守りましょう。

■ 地震はなぜ起こるの？ ■

　地球の表面はいくつかの地殻（プレート）におおわれ、年に数センチの速度で動いています。

　プレートどうしがぶつかり合うと、そこにひずみが生じます。そのひずみが限界に達すると、引きずり込まれたプレートが、こらえきれずに元に戻ろうとして、急にはね上がります。

　このときの衝撃が地震です。

　また、プレートどうしの押し合いへし合いによって、内陸でもひずみ（断層）ができます。これが限界に達したときに起こるのが、内陸直下型地震で、活断層に沿って発生します。

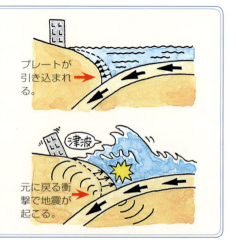

プレートが引き込まれる。

元に戻る衝撃で地震が起こる。

津波から身を守るには

津波の恐怖

津波は猛スピードで襲来する

- 津波は、水深約5000mの海でジェット機並みの時速約800kmで伝わり、陸に近づいて水深約500mの海でも新幹線並みの時速約250kmの速さで襲ってきます。その後、水深が浅くなるにつれて速度が遅くなりますが、津波が見えはじめてから避難をはじめても間に合いません。
- 震源が近ければ、津波情報が出る前に猛スピードで津波がくることがあります。

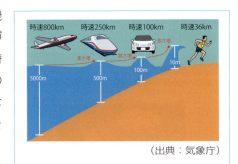

時速800km　時速250km　時速100km　時速36km

5000m　500m　100m　10m

（出典：気象庁）

津波はすさまじい破壊力を持っている

- 津波のエネルギーは通常の波とは違い、すさまじい破壊力をもっています。
- 津波の高さは地形などに左右され、ときには数十mの高さになることもあります。

津波は何度もやってくる

- 津波は何度もやってきます。最初の津波がすぎ去ったからといって安心はできません。また、第一波より後の波の方が強いこともあります。

宮古市を襲った津波（東日本大震災）

（写真提供：宮古市）

■ 津波てんでんこ ■

　東北の三陸地方では、過去に何度も大津波を経験していることから、「津波てんでんこ」という言い伝えがあります。これは、津波がきたら、人にかまわず "てんでんばらばらに逃げろ" という意味で、ものすごい速さで押しよせてくる津波に対し、わき目もふらずに避難しなければ助からないという、津波から命を守るための教えです。

逃げろーッ

海辺や河口付近で地震の揺れを感じたら

⬇

大津波警報・津波警報・注意報を待たずに、すぐに高台や津波避難場所など安全な場所へ避難！

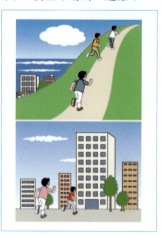

海辺や河口付近で地震の揺れを感じたら

速やかに避難する

◦ 海辺や河口付近で地震の揺れを感じたら、大津波警報や津波警報・注意報を待たずに、すぐに高台や津波避難場所など安全な場所へ避難することが大切です。

◦ 海の中では地震を感じないことがありますので、陸にいる人が地震の発生を知らせましょう。

津波情報は避難先で確認する

◦ 避難することを優先し、津波警報などは避難先で確認するようにします。

■ 津波に備えて ■

○ テレビ、ラジオ、防災行政無線などの防災情報の入手手段を確認し、情報に注意しましょう。

○ 避難場所や避難経路を確認しておきましょう。

津波に関する統一標識

津波注意 （危険地域）	津波避難場所	津波避難ビル
「地震が起きた場合、津波が来襲する危険性が高い地域」を表します。	「津波に対して安全な避難場所・高台」を表します。	「周りに高台がない場合に利用する、津波から避難できる高さ・耐震を有するビル（津波避難ビル）」を表します。

津波警報、津波注意報が発表されたら

津波警報が発表されたら速やかに避難する

◦ 津波警報を知らせる放送やサイレンを聞いたら、ただちに海岸のそばから離れて安全な場所へ避難します。

◦ 地震の揺れが小さい場合や、地震の揺れを感じていない場合でも、津波が発生することがありますので、油断せずただちに避難するようにします。

津波警報が解除されるまで避難を続ける

◦ 最初の波より後の波の方が強く高いこともあるので、警報や避難指示が解除されるまで避難を続けます。避難場所から離れて元の場所へ戻っては絶対にいけません。

津波注意報が発表されたら

◦ 津波注意報が発表された場合には、地震の揺れを感じていない場合でも、海水浴や釣りなどはすぐに中止し、ただちに海岸のそばから離れましょう。

津波警報発表

⇩

速やかに安全な場所へ避難！

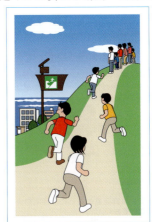

■ 噴火によっても発生する津波 ■

　1883 年に起きたインドネシアのクラカタウ火山の大噴火により大津波が発生し、周辺に住む数万の人々の生命が奪われ、甚大な被害をもたらしました。島や沿岸部の噴火の際には、津波にも注意が必要です。

地震に対する 10 の備え

○家具類の転倒・落下・移動防止対策をしておこう

・けがをしたり、避難に支障がないように家具を配置しておく。

・家具やテレビ、パソコンなどを固定し、転倒・落下・移動防止措置をしておく。

○けがの防止対策をしておこう

・食器棚や窓ガラスなどには、ガラスの飛散防止措置をしておく。

・停電に備えて懐中電灯をすぐに使える場所に置いておく。

・散乱物でけがをしないようにスリッパやスニーカーなどを身近に準備しておく。

○家屋や塀の強度を確認しておこう

・家屋の耐震診断を受け、必要な補強をしておく。

・ブロックやコンクリートなどの塀は、倒れないように補強しておく。

○消火の備えをしておこう

・火災の発生に備えて消火器の準備や風呂の水のくみ置き（溺れ防止のため子供だけで浴室に入れないようにする）をしておく。

○火災発生の早期発見と防止対策をしておこう

・火災の早期発見のために、住宅用火災警報器を設置しておく。

・普段使用しない電気器具は、差込みプラグをコンセントから抜いておく。

・電気やガスに起因する火災発生防止のため感震ブレーカー、感震コンセントなどの防災機器を設置しておく。

○非常用品を備えておこう

・非常用品は、置く場所を決めて準備しておく。

・車載ジャッキやカーラジオなど、身の周りにあるものの活用を考えておく。

○家族で話し合っておこう

・地震が発生した時の出火防止や初期消火など、家族の役割分担を決めておく。

・外出中に家族が帰宅困難になったり、離れ離れになった場合の安否確認の方法や集合場所などを決めておく。

・家族で避難場所や避難経路を確認しておく。

・普段のつき合いを大切にするなど、隣り近所との協力体制を話し合っておく。

○地域の危険性を把握しておこう

・自治体の防災マップ等で、自分の住む地域の地域危険度を確認しておく。

・自宅や学校、職場周辺を実際に歩き、災害時の危険箇所や役立つ施設を把握し、自分用の防災マップを作っておく。

○防災知識を身につけておこう

・新聞、テレビ、ラジオやインターネットなどから、防災に関する情報を収集し、知識を身につけておく。

・消防署などが実施する講演会や座談会に参加し、過去の地震の教訓を学んでおく。

○防災行動力を高めておこう

・日頃から防災訓練に参加して、身体防護、出火防止、初期消火、救出、応急救護、通報連絡、避難要領などを身につけておく。

地震 その時 10 のポイント

地震時の行動

地震だ！　まず身の安全

- 揺れを感じたり、緊急地震速報を受けた時は、身の安全を最優先に行動する。
- 丈夫なテーブルの下や、物が「落ちてこない」「倒れてこない」「移動してこない」空間に身を寄せ、揺れがおさまるまで様子を見る。
- 【高層階（概ね10階以上）での注意点】
- 高層階では、揺れが数分続くことがある。
- 大きくゆっくりとした揺れにより、家具類が転倒・落下する危険に加え、大きく移動する危険がある。

地震直後の行動

落ちついて火の元確認初期消火

- 火を使っている時は、揺れがおさまってから、あわてずに火の始末をする。
- 出火した時は、落ちついて消火する。

あわてた行動けがのもと

- 屋内で転倒・落下した家具類やガラスの破片などに注意する。
- 瓦、窓ガラス、看板などが落ちてくるので外に飛び出さない。

窓や戸を開け出口を確保

揺れがおさまった時に、避難ができるよう出口を確保する。

門や塀には近寄らない

屋外で揺れを感じたら、ブロック塀などには近寄らない。

地震後の行動

火災や津波確かな避難

- 地域に大規模な火災の危険がせまり、身の危険を感じたら、一時集合場所や避難場所に避難する。
- 沿岸部では、大きな揺れを感じたり、津波警報が出されたら、高台などの安全な場所に素早く避難する。

正しい情報確かな行動

ラジオやテレビ、消防署、行政などから正しい情報を得る。

確かめ合おうわが家の安全隣の安否

わが家の安全を確認後、近隣の安否を確認する。

協力し合って救出・救護

倒壊家屋や転倒家具などの下敷きになった人を近隣で協力し、救出・救護する。

避難の前に安全確認電気・ガス

避難が必要な時には、ブレーカーを切り、ガスの元栓を締めて避難する。

地震発生！その後どうする？

建物が倒れる！

みんなで助け合おう

町内会・自治会での協力体制

　平成 7 年 1 月 17 日に発生した阪神・淡路大震災では、「震度 7」の激しい揺れによって、一瞬にして建物が倒壊し、多くの人々が中に閉じ込められました。

　しかし、近くの住民が協力して、バールやのこぎり、車のジャッキなど身近にある物を使って閉じ込められた人々を助け出しました。

　地震発生直後には、消防などの各防災機関もすべての現場に対応することはできません。町内会・自治会などで、日頃から救出用の器具を準備し、救出訓練をしておきましょう。

救出のしかた

①状況を確認する

○どんな状態で閉じ込められているのか。

・家具の下敷きになっていないか。

・けがをしていないか。

○建物はどれくらい壊れているか。

・窓から中に入ることができるか。

・作業をするスペースはあるか。

・柱などが崩れてこないか。

・ガス漏れ、漏電による出火のおそれはないか。

　※ 火災の発生に備えて、消火器や水バケツを用
　　意しておきます。
　※ ガスの元栓、電気のブレーカーは、見つけし
　　だい止めます。

②障害物を取り除く

○まず、瓦、トタン、ガラスなどの軽い物から取り除きます。

・はずみで周囲が崩れてこないように注意しましょう。

○次に、柱、はりなどの大きな物を取り除きます。

・ロープなどで固定し、倒れてこないようにします。

・閉じ込められている人と、お互いに安全の確認をとりながら進めます。

・柱などを切断することによって、周囲の物が崩れないように気をつけましょう。

・洋服ダンス、冷蔵庫などを取り除くときは、中の物を先に出しておきます。

・大きな物は切断してから取り除きます。

・車などで障害物をけん引するときは、丈夫なワイヤーを使って、ゆっくりけん引します。

③救出する

・閉じ込められた人の周囲まで来たら、安全のため、手作業にします。

・やむを得ず、道具を使う場合は、体を傷つけないように注意しましょう。

火災が起きる！

もし、火災になったら

火災のこわさ

　地震のもたらす被害でこわいのは、火災です。

　関東大震災（大正12年）では、総死亡者数（行方不明者を含む。）約10万5千人のうち、建物倒壊などで死亡した人は数千人で、大部分の人が火災によって亡くなっています。

対震自動消火装置付でも過信しない

　対震自動消火装置付の石油ストーブだからといって、過信するのは禁物です。ふだんの手入れが悪いと、装置が正常に作動しないこともあります。

　また、転倒すると自動的に消火する電気やガスストーブなども、何らかの原因により、安全装置が作動しないこともあります。

　火災が発生したら、燃え広がる前に消し止めましょう。

消火器の使い方

①安全栓を抜く。

②ホースを火元に向ける。

③レバーを強く握る。

できるだけ姿勢を低くして、煙や熱から身を守り、出口を背にして、ノズルを火元に向けて放射します。

■ 代表的な消火器 ■

○ **強化液消火器**

　壁やふすまなどが燃えている場合、上の方から薬剤をかけると効果があります。

○ **粉末消火器**

　いったん火が消えたように見えても再び燃え出すことがあるので、バケツなどで水をかけて完全に消火します。

地域ぐるみで消火しよう

　各家庭から出火した場合は、近隣の人たちと協力し合って、燃え広がる前に消火しましょう。

　もし、火災が大きくなった場合は、自主防災組織による消火活動で、被害を最小限に食い止めましょう。

　消防隊や消防団が出動した場合は、消火活動に協力するようにしましょう。

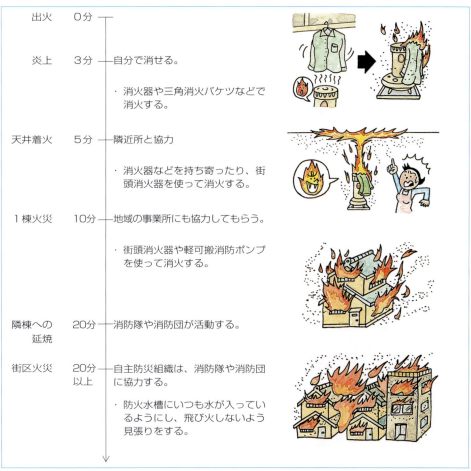

出火	0分	
炎上	3分	自分で消せる。
		・消火器や三角消火バケツなどで消火する。
天井着火	5分	隣近所と協力
		・消火器などを持ち寄ったり、街頭消火器を使って消火する。
1棟火災	10分	地域の事業所にも協力してもらう。
		・街頭消火器や軽可搬消防ポンプを使って消火する。
隣棟への延焼	20分	消防隊や消防団が活動する。
街区火災	20分以上	自主防災組織は、消防隊や消防団に協力する。
		・防火水槽にいつも水が入っているようにし、飛び火しないよう見張りをする。

※「防災市民組織の充実強化に関する報告書」（昭和56年8月東京都総務局）及び火災予防審議会「防災市民組織等の地震時消火活動力の現状と対策」（昭和58年3月東京消防庁）より

火災を消し止める

　火災が広がり、消火器では間に合わなくなった場合は、軽可搬消防ポンプを使います。軽可搬消防ポンプは、各自主防災組織の防災資機材置場等に保管されています。

水はどこから引いてくるか

- できるだけ火元の近くの防火水槽やプール、川などを使います。事前に消防署と相談しておきましょう。
- 風が強いときには、風上から取ります。

ホースの延ばしかた

- 道路や建物の曲がり角に沿って、大きくカーブさせ、折れたりねじれたり、引きずられたりしないようにします。
- ホースをつなぎ合わせるときは、水が漏れないように注意します。

水を出すときには合図を送る

- 筒先にいる人は、ホースを十分に延ばしたら、水を出す係の人に合図を送ります。
- 放水バルブを一気に全開にすると、筒先で反動が起こるので、徐々に開きます。

消火のしかた

- 初めは外側から、だんだん中心部に向かって水をかけます。
- 建物の中の火災は、窓などを壊してから、燃えている物に水をかけます。
- 火の勢いが強いときは、無理に火に近づかないで、塀などの障害物越しに消火します。

避難するときの心得

元栓を締める・電気のブレーカーを切る

- ガスの元栓を締め、電気のブレーカーを切ります。コンセントも抜いておきます。
- 建物が壊れてできない場合は、まわりの人に見回りを頼んでおきましょう。

持出品は最小限に

- 持ち出すものは、とりあえず必要な生活用品と応急手当用品です。

歩いて避難

- 緊急車や避難する人のじゃまになるので、車での避難はやめましょう。
- 両手は空けておき、とっさのときに身を守ったり、子供やお年寄り、身体の不自由な人やけがをした人など、困っている人の手助けをしましょう。

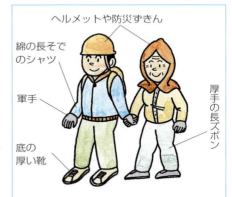

ヘルメットや防災ずきん
綿の長そでのシャツ
軍手
底の厚い靴
厚手の長ズボン

なるべくこんな服装で。両手は自由になるようにします。

家は何かの拍子に崩れることがあります。

■ 避難する時期はいつ？ ■

　大地震が発生してもすぐに避難するのではなく、地域の人々で協力して、火災の消火にあたったり、閉じ込められた人を救出したりしましょう。

　火災が大きくなったり、津波や浸水などの危険がある場合には、市町村長により避難指示が出され、消防・警察、市町村の広報車などによって地域に知らされます。避難の準備だけはしておきましょう。

ライフラインが止まる！

電気が止まったら

電気のない生活など想像できないほど、電気は私たちの生活の中にあたりまえのように浸透しています。電気が止まると電灯がつかないだけでなく、日常生活にさまざまな影響が出てきます。

通電後、水槽のヒーターが過熱し、火災になった例もあります。

電気がないとこんなに不便

- テレビなどからの情報が得られない。
- 冷暖房機器や冷蔵庫が使えない。
- キャッシュカードなど、自動現金引出機が使えない。
- 高層住宅では、ポンプが止まり水道が使えない。

電気が起こす火災

- 電気ストーブやアイロンなどをコンセントから抜くこと。電気が復旧したとき、スイッチの切り忘れによる火災が起こることがあります。
- 避難するときは、電気のブレーカーも「切」にします。
- 水に濡れた電気器具は、漏電の原因となるので使わないこと。

■ やっぱり電気はたのもしい!? ■

電気はライフラインの中でも比較的早く復旧します。そのため、情報交換にはインターネットが、ガスコンロのかわりには電子レンジが大活躍しました。また、電気ポットでお湯を沸かすこともできます。

電気はほかのライフラインをカバーすることもできるのです。

ガスが止まったら

　ガス会社では、火災や爆発などの二次災害を起こさないために、ガス設備に被害のあった地域にはガスの供給をストップすることにしています。

地震後のガス漏れに注意

- ガス漏れに気づいたら、絶対に火を使わないこと。換気扇、電灯などのスイッチにも触れないように。
- 隣近所にもガス漏れを知らせて、119番通報し、ガス会社にも連絡します。

ガスの使用は必ず点検をしてから

- 地震後にガスを使うときには、必ず器具や設備を点検してからにします。
- 不安があるときは、ガス会社に点検してもらいましょう。

これをつければガス漏れしない

ヒューズ栓
ガス管が外れても自動的にガスがストップする。

マイコンメーター
震度5程度以上の揺れを感知するとガスを遮断する。

■ ガスがない＝火が使えない ■

　ガスは、ガス管の点検や修復などで、復旧が遅れると予想されます。食事や入浴など、ガスがないときの生活方法を考えておきましょう。

- 食事は、お湯さえあれば食べられるレトルト食品などが便利です。
- ビニールプールに水を張り、日なたで温水にすればお風呂がわりになります。
- 髪を洗いたいときには、ドライシャンプーも重宝します。
- 赤ちゃん用のミルクは、ほ乳瓶の両側を使い捨てカイロで包めば温かくなります。

水道が止まったら

　人間は、1日に一人あたり約3ℓ の水を必要とすると言われています。給水車や救援物資による水が届きますが、全員に行き渡るとは限りません。

　最低でも3日分くらいの水は備えておきましょう。

使用後は土をかけましょう！

仮設トイレの設置は1〜2週間かかります。地面に穴を掘るか、下水用のマンホールを使いましょう。

水はとにかく溜めておく

◦ 水は貴重です。1度使った水もバケツや浴槽に溜めておき、使い回しをします。

◦ 風呂の水は抜かず、常に溜めておきましょう。消火用水にもなります。

一家に1台ポリタンク

◦ 水の保存用にポリタンクを用意しておきましょう。鍋やペットボトルでは間に合いません。キャリーカートで運ぶと便利です。

■ 賢い水の節約法 ■

○ 使った水は、トイレ用にとっておく

　断水で一番困るのはトイレ。1回に流す水は約8ℓ も必要です。トイレ用の水は、使い回しをした最後の水を使うようにします。

　（例）米のとぎ汁→顔や手を洗う→トイレの流し水（3段階で利用）

　水は直接便器に流さず、タンクに入れてから流すと節約できます。

○ 食器やまな板は、ラップやアルミホイルを敷いて使う

　ラップだけを捨てれば、食器は洗わずに何度でも使えます。

○ 洗濯も最小限に

　洗剤を使うと大量の水を消費するので、水洗いで回数を増やしましょう。

　女性は下着に生理用品をつけておくと、汚れません。

○ ウェットティッシュをなるべく使う

交通が止まったら

　道路にひびが入ったり、建物が壊れたり、交通事故が起きたりして、道路は大渋滞となります。阪神・淡路大震災では、10m進むのに1時間かかった車がありました。

　電車も停電によりストップし、交通は一時的にマヒ状態になります。

自転車は"足"として大活躍

- 緊急車両（消防車、救急車、パトカー、物資搬送車など）の通行を優先させるために、車はできるだけ使わないようにします。
- 折りたたみ式の自転車やパンクしない自転車も市販されています。

帰宅ルートは複数用意

- 自宅または集合場所までの交通手段をいくつか考えておきましょう。
- 勤務先から自宅まで実際に歩いてみて、安全な道を調べておきましょう。

自転車なら渋滞もへっちゃらです。

■ 各機関はどうなる？ ■

学校・保育園：臨時休校・休園（避難所になる場合もあります。）
病院・診療所：診察が行われます。（ただし、病院等も被害を受けている場合があります。また、けが人が殺到し、医者やベッドの数が足りなくなります。）
金 融 機 関：できる限り営業が継続されます。
デパート・スーパー：できる限り、食料品・生活必需品を中心に営業されます。

通信手段を確保しよう

　災害時は、電話回線の寸断や輻輳(ふくそう)防止のための通信制限などにより、電話がつながりにくくなります。さらに、停電により携帯電話が充電できず、連絡手段が閉ざされることも。このような場合に備えて、あらかじめ家族等と話し合い、複数の連絡手段を確保しておきましょう。

使えますか？　公衆電話

地震のあとは、よく受話器がはずれたままになっています。話し中の状態になってしまうので、必ず確認しましょう。

- 通信制限がなされているときに役立つのが"公衆電話"です。公衆電話は、災害時には優先的に接続される仕組みになっています。小銭やテレホンカードを多めに用意しておきましょう。
- 特に、日常生活の中では、なかなか公衆電話に触る機会がなく、使用方法が分からない子どもたちに対し、万一に備えて公衆電話の使い方をあらかじめ教えておくことも大切です。

スマホアプリも大活躍

- 各携帯電話会社では、電話よりも比較的つながりやすいとされる災害用伝言板アプリも用意しています。このほか、災害時に役立つスマートフォン用無料通話アプリもあります。これらを事前にインストールしておくなど情報収集・伝達手段を確保しておきましょう。

■ 災害時のうれしい電話サービス ■

○ 公衆電話の無料通話システム

　停電した区域内の公衆電話は、無料で通話できる緊急措置がとられます。（ただし、電気が復旧すると有料となります。）

　また、災害救助法が適用された地域では、無料で通話ができる特設公衆電話が設置されます。

○ 災害用伝言ダイヤル（171）

　被災者が自分の安否を伝言ダイヤルに入力しておけば、本人に電話をしなくても、全国どこからでもその情報を引き出すことができます。他に、インターネットを利用した「災害用伝言板（web171）」や、携帯電話の「災害用伝言板」があります。

お金はどうする？

　手持ちのお金がなく、預金を引き出そうとしても、金融機関も被害を受けているので、すぐに対応できるとは限りません。

　いざというときのために、1週間くらい生活できる現金として5万円程度を用意しておきましょう。電話や買い物のために、小銭も準備しておいてください。

お金が燃えてしまったら？

○ 焼けてしまっても換金してもらえる場合があるので、あきらめないで金融機関に相談してみましょう。

○ 全部燃えてしまっても、残った灰が紙幣と認められれば、換金されることもあります。

○ 硬貨は、硬貨と認められる状態であれば、換金してもらえます。

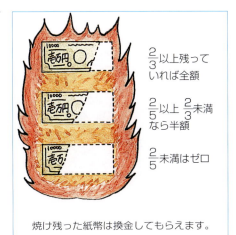

$\frac{2}{3}$ 以上残っていれば全額

$\frac{2}{5}$ 以上 $\frac{2}{3}$ 未満なら半額

$\frac{2}{5}$ 未満はゼロ

焼け残った紙幣は換金してもらえます。

■ 通帳・印鑑・証書をなくしてしまったら？ ■

ゆうちょ銀行：災害救助法が適用されて本人と確認されれば、20万円まで引き出すことができます。

その他の金融機関：本人を確認した上で、拇印でも引き出すことができます。

地震保険：契約原簿が保管されているので、本人の確認をした上で、保険金が支払われます。

生命保険：受取人本人を確認できれば、保険金の支払いはしてくれます。

株式証券：再交付請求をすることができます。

避難所での生活

　被災者で埋めつくされた避難所では、空気も悪く、見ず知らずの人との集団生活で体調を崩す人もいます。避難所の不自由は言い出せばきりがありません。みんなで協力し合うことが大切です。

共同生活なので、協力し合いましょう。

避難所暮らしの知恵

○ 市町村が把握していない避難所には、救援物資が届かないこともあります。積極的に連絡しましょう。

○ 早めにリーダーを決め、食事、トイレそうじ、水汲みなど、役割分担をします。

○ 部屋割りをするときには、知り合いどうしをなるべく同じ部屋にします。

○ お年寄りや身体の不自由な人、幼児などがいる人は、部屋を別にしてあげましょう。

○ 「壁新聞」などをつくって、情報を伝わりやすくします。

■ 油性マジックは大活躍！ ■

　家族との連絡がとれないときには、避難先を書いたメモを玄関などにはっておきます。

　そのときに必要なのが、油性マジック。ボールペンや水性マジックでは、目立たない上、雨などで字が消えてしまうことがあります。

　また、避難先でも段ボールなどにさまざまな情報を書いておくと、みんなで助け合うことができます。

避難者名簿をつくろう

- 避難所に誰がいるのか、すぐにわかるように、避難者名簿をつくります。
- どんな物資がどのくらい必要かということも、避難者名簿に沿って決めます。
- 名前・人数だけでなく、どんな人がいるか（お年寄り、身体の不自由な人、幼児など）ということも書いておきます。
- 物資を配給することを考えて、自宅で救済を待っている人たちの名簿も別につくります。
- 避難者が別の避難所に移ったときも、移動先がわかるようにしておきます。
- 教室ごとや部屋ごとにつくると便利です。

  ※ ふだんから、町内会・自治会名簿をつくっておきましょう。

避難者名簿の例

■ もう一人の家族、ペットはどうする？ ■

　ペットは避難所には連れていけないこともあります。避難所に連れていっても、まわりの人々の無言のプレッシャーに耐えきれず、やむなく手放した人も多かったようです。

　動物病院に預けたくても被災地の病院は、けがをした動物への対応で手いっぱいになってしまうので、被災地以外のペットショップなどに預かってもらうことを考えましょう。

　また、行政やボランティアが管理する「動物預かりセンター」のような施設で、一時預かりや里親仲介などをしてくれることもあります。

　里親を探すには、動物愛護団体、ペット専門誌、地域獣医協会、災害対策本部の動物対策室、インターネットなどを利用するのも一つの方法です。

　また、行方不明になったときのために、ペットの写真も持出品の中に入れておきましょう。

地震は繰り返し起こる

年月日 （時分）	地震名 マグニチュード（M） 震度	被　害　と　特　徴
大正12年 9月1日 （11時58分）	関東大地震 M 7.9 震度6	死者・行方不明者 105,385 名　　損失家屋 372,659 棟 （旧東京市の被害：死者・行方不明者 68,660 名　　損失家屋 168,902 棟） 〇火の使用が集中する昼食時に発生した。 〇恐怖のため、初期消火がおろそかであった。（市民の消火率は40%） 〇建築物のほとんどが耐震性に乏しい木造であった。
昭和23年 6月28日 （16時13分）	福井地震 M 7.3 震度6	死者 3,769 名　　負傷者 22,203 名　　建物倒壊 48,000 棟 焼失棟数 3,931 棟 〇火の使用が集中する夕食準備の時間帯に発生した。 〇地震発生後、5分後に出火南風にあおられて延焼拡大した。
昭和39年 6月16日 （13時01分）	新潟地震 M 7.5 震度5	死者 26 名　　負傷者 447 名　　建物倒壊 15,794 棟　　火災 9 件 タンク火災 143 基 〇液状化現象による被害が目立った。 〇石油コンビナートでは、2件のタンク火災が発生した。（鎮火まで2週間余） 〇地震発生の時期が火気取扱いの少ないときであった。
昭和43年 5月16日 （9時46分）	十勝沖地震 M 7.9 震度6	死者 53 名　　負傷者 330 名　　建物倒壊 3,677 棟　　火災 50 件 〇出火件数50件のうち、約40%が石油ストーブからであった。 〇プロパンガスの転倒による配管等の破損事故が多かった。
昭和53年 6月12日 （17時14分）	宮城県沖地震 M 7.4 震度5	死者 28 名　　負傷者 1,325 名　　建物倒壊 6,757 棟　　火災 12 件 〇死者の多くは、ブロック塀等の倒壊により死亡したものであった。 〇負傷者の多くは、家庭内の家具の転倒・落下によるものであった。
昭和58年 5月26日 （11時59分）	日本海中部地震 M 7.7 震度5	死者 104 名　　負傷者 163 名　　建物倒壊 3,049 棟　　火災 4 件 〇津波による死者が多数発生した。 〇昼食時間帯であったが、出火防止を行ったため火災が少なかった。 〇家具の転倒防止措置がなされていなかったため、その被害が大きかった。
平成5年 7月12日 （22時17分）	北海道南西沖地震 M 7.8 震度5	死者 202 名　　行方不明 28 名　　負傷者 323 名　　焼失建物 192 棟　　建物倒壊 1,009 棟　　建物浸水 455 棟　　火災 9 件 〇地震発生直後に津波が押し寄せ、特に奥尻島では津波、崖崩れ等により死者172名（行方不明27名）もの犠牲者が発生した。 〇奥尻島青苗地区では5件の火災が発生し、うち2件が合流して約11時間燃え続ける市街地大火となった。（全焼 189 棟）
平成7年 1月17日 （5時46分）	兵庫県南部地震 M 7.3 震度7	死者 6,434 名　　行方不明 3 名　　負傷者 43,792 名 火災 293 件　　建物倒壊（住家被害） 639,686 棟 〇震度7を記録する強い地震によって倒壊した家屋の下敷きとなり、多数の人が圧死した。 〇同時多発火災から複数の街区火災となった。

年月日 （時分）	地震名 マグニチュード（M） 震度	被 害 と 特 徴
平成 16 年 10 月 23 日 （17 時 56 分）	新潟県中越地震 M6.8 震度 7	死者 68 名　　負傷者 4,805 名　　火災 9 件 建物倒壊（住家被害）　122,667 棟 ○震度 7 を記録する強い地震によって、建物倒壊や土砂崩れが発生した。
平成 19 年 7 月 16 日 （10 時 13 分）	新潟県中越沖地震 M6.8 震度 6	死者 15 名　　負傷者 2,346 名　　全壊 1,331 棟　　半壊 5,709 棟 一部破損 37,301 棟　　建物火災 1 件　　その他火災 2 件 ○原子力発電所で火災が発生した。 ○断水 10 万戸以上、停電が 56,000 戸以上発生し、国道や鉄道も不通となった。 ○自動車部品工場の被災により、各メーカーの自動車工場が生産を停止した。
平成 23 年 3 月 11 日 （14 時 46 分）	東北地方太平洋沖地震（東日本大震災） M9.0（モーメントマグニチュード） 震度 7	死者 19,418 名　　行方不明 2,592 名　　負傷者 6,220 名　　全壊 121,809 棟　　半壊 278,496 棟　　床上浸水 3,352 棟　　火災 330 件（平成 28 年 3 月 1 日現在） ○日本における観測史上最大規模の地震であり、多数の死者・行方不明者が発生した。 ○東北・関東地方の太平洋沿岸で大津波が発生し、壊滅的な被害をもたらした。 ○福島県で起きた原子力発電所の事故により、周辺住民は長期の避難を強いられた。
平成 28 年 【前震】 4 月 14 日 （21 時 26 分） 【本震】 4 月 16 日 （1 時 25 分）	平成 28 年（2016 年）熊本地震 【前震】M 6.5 　　　　震度 7 【本震】M 7.3 　　　　震度 7	死者 273 名　　負傷者 2,809 名　　全壊 8,667 棟　　半壊 34,719 棟　　一部破損 163,500 棟　　火災 15 件（平成 31 年 4 月 12 日現在） ○震度 7 を 2 回記録した。 ○大きな余震が多発し、震度 5 弱以上が 22 回発生した。
平成 30 年 6 月 18 日 （7 時 58 分）	大阪府北部を震源とする地震 M 6.1 震度 6 弱	死者 6 名　　負傷者 462 名　　全壊 21 棟　　半壊 454 棟　　一部破損 56,873 棟　　火災 7 件（平成 31 年 2 月 12 日現在） ○出勤・通学時間帯の発災により、多数の帰宅困難者が発生した。 ○ブロック塀の倒壊により死者が発生した。
平成 30 年 9 月 6 日 （3 時 7 分）	平成 30 年北海道胆振東部地震 M 6.7 震度 7	死者 42 名　　負傷者 762 名　　全壊 462 棟　　半壊 1,570 棟 一部破損 12,600 棟　　火災 2 件（平成 31 年 1 月 28 日現在） ○震源地付近で大規模な土砂崩れが発生した。 ○道内の離島を除くほぼ全域で停電が発生した。

地震に備えて

家では

わが家は大丈夫？

　同じ大きさの地震でも、地盤によって揺れ方が違うために、被害の程度に大きな差が出ます。

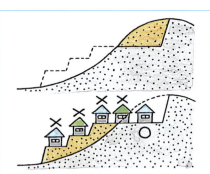

やわらかい地盤と固い地盤の上にまたがって建てた家は、沈下のバランスがばらばらなので倒壊します。

外見はきれいでも、中は朽ちていることがあります。

こんな土地は要注意

○ 造成した土地には、土を盛った部分（盛土）と削った部分（切土）があります。盛土の上や、両方にまたがって建てた家は、倒壊する危険があります。

○ 過去の地震で、地面から砂や水が噴き出した土地は、液状化に注意しましょう。

○ 自分の住んでいる土地がどんな土地なのか確認しておきましょう。

建物の基礎はしっかりと

○ 地盤を改良したり、杭を打ち込んだりして、基礎をしっかりと固めます。

○ コンクリート造りの基礎で、縦横に鉄筋が入っている場合は、比較的安全です。

○ 鉄筋の入っていないものや、石積み、ブロック積みの基礎は、注意が必要です。

○ 土台が老朽化していないか、白アリに食われていないか、点検しておきましょう。

■ 倒壊建物への救済処置 ■

　阪神・淡路大震災や東日本大震災など、被害の大きな地震のときには、返済の支払い猶予や延長などの特別措置がとられました。また、壊れた家を建てかえる場合にも、各銀行や住宅金融支援機構で通常よりも安い金利の特別融資が行われました。

こんな家は危ない

- 1階が広いスペースになっていて、2階にたくさん部屋があるような重心の高い家
- 1階に駐車場や店舗があり、壁のある部分がかたよっている家
- 全体的に窓などの開口部が多く、壁の少ない家
- デザインが複雑で凹凸が多い家
- 2階に重い家具が置いてある家

地震に強い家をつくろう

- 家の重心が下にくるよう、家具の配置を工夫するようにします。
- 壁や床には、筋交いや火打ちなどの補強材を入れると安全です。
- 壁は四方にバランスよく入れます。
- 床から天井までの壁面収納をつけると、壁が補強される上に、家具が倒れる心配もなくなります。
- マンションでは、耐震性のドアに取りかえ、閉じ込められるのを防ぎましょう。

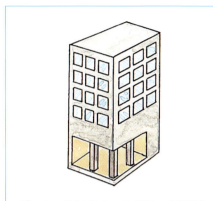

ピロティ式のマンションでは、1階部分がつぶれてしまうこともあります。

重心を下に、がっしりとした家づくりを。

■ 耐震診断を受けましょう ■

　地震のニュースで建物倒壊の様子を見て、自分の家は大丈夫だろうかと思った人は多いことでしょう。耐震診断は、専門家に見てもらうのが一番ですが、個人でもできる診断マニュアルをつくっている自治体もあります。窓口で相談してみましょう。

家具は凶器になる

　家の中を安全地帯にするためには、家具が倒れたり、物が落下したりしないようにすることが大事です。固定方法は、家具や壁の種類によって工夫しましょう。

タンス・本棚

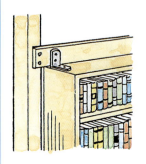

・柱や壁の中の間柱にＬ字金具で固定
・横木を渡してもよい。

・なるべく壁面につける。
・壁に固定できない場合は、支え棒で固定

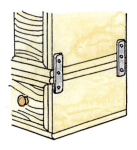

・２段重ねの家具は重ねた境の側面を、並行金具で連結

・前のめりに倒れてくるので前の方に板を入れ、壁に寄りかからせる。

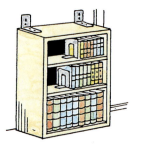

・重い物は下に、軽い物は上に。
・なるべく空間をつくらない。すき間はブックエンドで固定

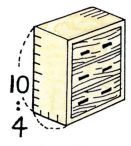

・ノッポ家具は倒れやすい。
・安定した家具
　高さ：奥行き＝１０：４以上

食器棚
・壁や柱にL字金具で固定
・開き戸には止め金具をつける。
・中の食器は滑り止めをする。
・ガラス面には飛散防止用フィルムをはる。

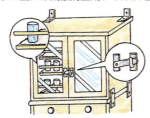

冷蔵庫
・専用の転倒防止金具もある。

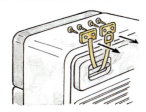

照明器具
・天井や壁に直接取りつけるタイプの物が
　安全
・チェーンで天井に3点で固定

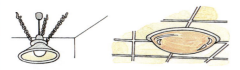

ガラス窓
・ガラス飛散防止用フィルムや粘着テープをはる。
・夜はカーテンを引いて寝る。

テレビ
・家具の上には置かず、なるべく低い位置に。
・専用の転倒防止金具もある。

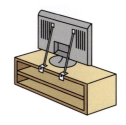

ピアノ
・専用の転倒防止金具をつける。
・厚めのじゅうたんを敷く。

額縁
・ガラスがあるので意外と危険
・鎖やひもで固定
・ガラス面には飛散防止用フィルムをは
　る。

＊棚の上には、重い物、角のある物、ガラ
　ス製品などを置かないようにしましょう。

最小限の必需品

　避難するときに持っていく非常持出品は、最小限におさえましょう。そのほかの物は、いったん避難してから安全が確認できればまた取りに戻ることも可能です。

備えておきたい非常持出品

現　金

5万円程度を目安に。

通帳など

免許証・健康保険証のコピーも。

非常食品

定期的に入れかえます。

水

1日分一人3ℓを目安に。

救急用品

常備薬も忘れずに。

衣　類

紙製品の下着なども便利です。

生活用品

断水時にはウェットティッシュが重宝します。

携帯ラジオ

懐中電灯

予備の電池も。手動で充電できるタイプもあります。

＊持出品は、両手が使えるようにリュックサック型の袋に入れておきます。
　なるべく燃えにくい素材にしましょう。
＊家族の人数分、用意しておきます。
＊家族構成に合わせたものを準備します。
＊目につきやすく、すぐに取り出せる場所に置いておきます。

地震後の生活を支える品

地震後、救援物資が配給されたり、スーパーが営業を再開したりするまでには、数日かかります。この数日間を過ごせるだけの物を、非常持出品とは別に用意しておきましょう。

目安は最低3日分

- 家の中の何箇所かに分散して保管しましょう。車の運転中に地震が発生した場合に備え、車のトランクに保管するのも効果的。
- 飲料水、食料は最低でも3日分、可能な限り1週間分程度を備蓄しましょう。消費期限のあるものは、日常生活で定期的に使いながら、必要な分を補充していく「循環備蓄」が無駄のない防災対策につながります。
- 意外と便利なのが、キャンプ用品です。日頃から使い方に慣れておきましょう。

■ これはびっくり！大きなゴミ袋は万能選手 ■

水の保管容器に	簡易トイレに	簡易シャワーに

2枚重ねて段ボール箱に入れておく。日なたに置けば、温まってお湯にもなる。	段ボール箱に広げて入れる。	底の部分に小さな穴をたくさん空ける。日なたで温めておけば温水シャワーに。

＊そのほか、レインコートや防寒着にもなります。

地域では

自主防災組織をつくろう

　地震などの災害から身体や財産を守るには、一人の力では限界があります。「自分たちの町は自分たちで守る」という気持ちで、協力し合って災害に立ち向かわなければなりません。地域ごとに工夫して、役割分担を決めた防災組織をつくりましょう。

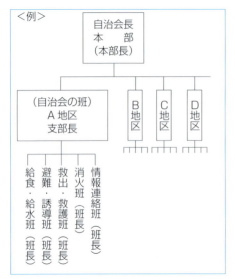

組織の編成例

- すばやく効率的に活動が行えるように、班の編成を行います。

日頃の主な役割

- 地域防災訓練や防災座談会を行って、住民に参加を呼びかけます。
- ミニコミ誌やチラシを発行し活動内容などを住民に知らせ、協力を呼びかけます。
- 防災マップなどをつくります。
- 街頭消火器や防火水槽の設置場所を調べたり、定期的に防災資機材を点検します。
- 違法駐車や放置自転車の状況を確認します。
- ブロック塀や石垣、がけなど、地域内の危険箇所を調べます。
- 消防署、地域企業・団体等との連携を図ります。

情報連絡班　　　　　　　　　　　消火班

地震が起こったときの役割

　自分の家族や隣近所の安全が確認できたら、あらかじめ定めた役割分担に沿って行動しましょう。

情報連絡班

- テレビやラジオ、防災関係機関からの災害情報や、地域内の被災情報を集め、有線放送や無線機、伝令などで住民に伝えます。
- デマなどによる混乱を避けるために、正しい情報を早く伝えます。

消火班

- 消火器や軽可搬消防ポンプによる消火活動を行います。

救出・救護班

- 建物の倒壊や落下物などによるけが人を助け出し、応急手当を行います。
- 消防署などへ救出を要請したり、病院や応急救護所へけが人を運びます。

避難・誘導班

- 火災の拡大、津波、がけ崩れなどの危険がある場合に、住民を避難所まで誘導します。

給食・給水班

- 共同備蓄倉庫の食料や、地域内の井戸や水槽の水などを住民に配ります。

救出・救護班

避難・誘導班

給食・給水班

45

備えておきたい防災準備品

　身近にある道具が、非常時には救出用の道具として十分役立ちます。自主防災組織ごとに準備し、日頃から取扱方法を訓練しておきましょう。

火災に備えて

消火器	三角消火バケツ	防火用水

 大きめの物を。
（粉末 1.5kg、
強化液 3ℓ 以上）

 常に溜めておく。

＊砂を入れた大きいバケツを置いておくと、消火に役立ちます。

家屋の倒壊に備えて

バールや金てこ	のこぎり	おの・ハンマー	スコップ

扉がゆがんだときに。

片刃が使いやすい。両刃はすき間の少ないところでは使いにくい。

壁などを破壊するときに。

救出時に土を掘るときに。

車のジャッキ	ビニールシート	ロープ

柱などの重い物を持ち上げる。

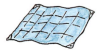

敷物としてのほか、壊れた屋根や窓の雨よけに。

壊れた家の固定、高いところからの脱出に。

防災マップをつくろう

　災害から身を守るには、地域の特性を知ることが大切です。身を守るための情報を盛り込んだ防災マップをつくりましょう。

いろんな情報をのせましょう

○ 防災資機材倉庫（鍵の場所も）
○ 川、池、防火水槽のあるところ
○ 学校、公民館などの避難所
○ 崩れやすいがけなど
○ 危険物を扱っているところ
　（化学薬品工場、ガスタンクなど）
○ 一人暮らしの高齢者、身体の不自由な人の家
○ 公衆電話、街頭消火器のあるところ
○ 消防署、警察署、市役所（町役場）
○ 町内会長、自治会長の連絡先

　　※ ぱっと見てわかるように、たくさんの色を使い、なるべく絵でのせましょう。

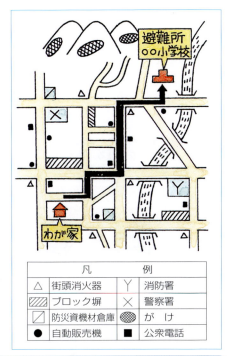

凡		例	
△	街頭消火器	Y	消防署
▨	ブロック塀	×	警察署
◪	防災資機材倉庫	⬤	がけ
●	自動販売機	■	公衆電話

■ 家族で話し合っておくこと ■

○ 家族がばらばらになったときの連絡方法
　・避難先を書いたメモを、玄関などにはっておきます。
　・遠くの親戚や知人の家を連絡の中継点としておき、そこに連絡すれば、お互いの安否が確認できるようにしておきます。
　・災害用伝言ダイヤル（171）も震災時の連絡手段として活用します。
○ 家族一人ひとりの役割分担
　・火を消す人、ドアを開ける人、お年寄りや子供を守る人など。
○ 家族の集合・避難場所
　・避難する道もいくつか決めておきます。

意外な小物が役に立つ！アイデア便利グッズ集

地震後の避難生活では、ライフラインが止まっているので、かわりのもので何とかしなければなりません。そんなときに、思わぬ物が意外と役に立ちます。

阪神・淡路大震災のときに工夫されていた、生活の知恵の数々をご紹介しましょう。

こんな物であかりがつくれる！

食用油　食用油を小皿か缶詰の空き缶に注ぎ、布か紙をよった芯を浸す。

牛乳パック　牛乳パックを横幅1cmに切り、先端に火をつける。防水のために加工されているので燃えやすい。1本で約2時間もつ。

菜ばし　菜ばしにろうそくを刺し、アルミ箔で巻く。輪切りの大根に突き立てればろうそく立てに。

アルミ箔
菜ばし

停電中の小さな工夫

お風呂用のウレタンマット　床や地面に敷くだけで、即席ホットカーペットに。

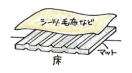

シーツ・毛布など
床
マット

簡単なろ過のしかた

ペットボトル　ふたの真ん中に小さな穴を空け、底部分は切り取る。逆さにして砂や木炭などのろ過材を入れてひもでつるし、下に水受けを置けばできあがり。

底をカットして
ひもでつるす
毛糸や麻
木炭
砂
小砂利
ティッシュ

ケチャップの容器
スポイトがわりにして、濁った水のきれいな上澄みだけを吸い取ります。

布　一方の端を汚れた水に浸し、別の端を水受けに入れ、水より少し低い位置に置くと、きれいな水が溜まります。

　古来より人々は、燃焼現象を上手に社会生活の中に取り込み、その利点を最大限に活用する知恵を生活体験の中から導き出してきました。

　火は大切なものですが、いったんその管理方法を誤ると牙をむき出して我々に襲いかかってきます。

　ここでは、日常生活の中で火を使うときに注意することや、火災が起こったらどうしたらよいか、火災から身を守るポイントなどを、わかりやすくまとめました。

　家庭内のあらゆる火災危険を排除して、二重三重の対策を考えておいてください。

（写真提供：東京消防庁）

ここが危ない！（住まいの中でどこが危ないか？）

金魚鉢
（太陽光が
収れんし
て過熱）

テレビのコンセント
（トラッキング）

寝たばこ
（布団や床
に落下）

天ぷら鍋
（放置などに
よる過熱）

たばこの
不始末

仏壇のろ
うそく
（転倒な
ど）

冷蔵庫の
コンセント
（トラッキング）

マッチ・ライター
（子供のいたずら）

ガラス製灰皿
（たばこの不始末）

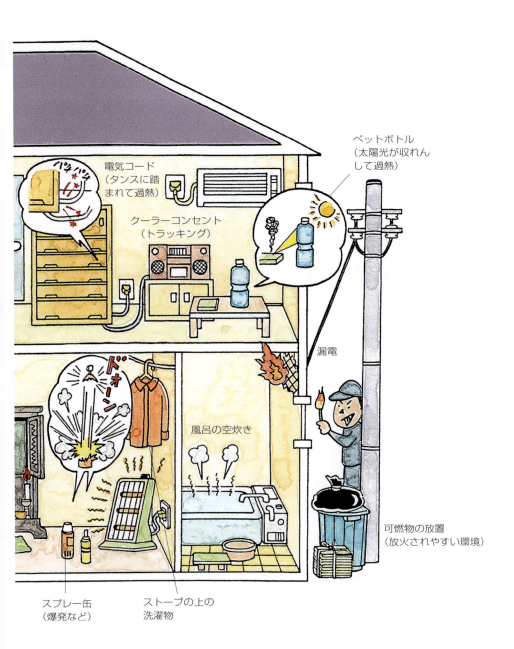

火災発生！そのときどうする？

火災時の行動

 家　で

とにかく火災を知らせる

○ 火災を発見したら、まず「火事だあ！」と大声で叫び、人に知らせます。

○ 消火の前に、まず家族やまわりの人に知らせることが大切です。知らせるのが遅れると、みんなが逃げ遅れてしまいます。

○ 声が出ないときは、ヤカンなどをガンガン叩いて知らせます。

○ マンションなどで、自動火災報知設備・非常警報設備があるところでは、発信機のボタンを押します。

危険な時期は突然やってくる

○ 気密性の高い建物では、煙の状態から一瞬にして火の海になるフラッシュオーバーなど、危険な時期が突然やってきます。

■ 就寝中でも安心！火災を 24 時間監視してくれる番人たち ■

住宅用火災警報器（煙・熱感知式）　　　　　自動火災報知設備

外 で

建物の損害よりも命が優先

◦ 火災と思われるような煙を見かけたり、助けを求める声を聞いたら、まず、「火事だあ！」と大声で叫び、近所の人に知らせます。

◦ 次に、燃えている家の状況を判断して、自らの安全を確保した上で、中にいる人を助け出します。人命が最優先です。

ボヤでも 119 番

◦ どんなに小さな火災でも 119 番通報をします。

◦ 消防車が来たら、燃えている家に案内し、自分が見たこと、聞いたことをまとめて消防隊員に伝えてください。

◦ 消防隊はこれらの情報により、迅速・的確に行動することができます。

■〔火災事例〕近隣者の協力で初期消火に成功！■

　60歳の奥さんが、天ぷらを揚げようとしてコンロの火をつけたままトイレに入っているほんのわずかの間に、鍋から出火しました。

　あわててご主人と一緒に風呂の水で消火を始めましたが、逆に火にあおられて、2人とも顔に大やけどをしてしまい、火はなかなかおさまる様子がありません。

　ちょうどそのとき、ご近所のご夫婦が換気扇から出ている煙を見つけ、大声でまわりの人たちに知らせるとともに119番通報をしてくれました。騒ぎを聞いた人々が消火器や水バケツなどを持ち寄ってみんなで消火にあたり、大事には至らずに済みました。

正しい119番のしかた

　あなたが119番通報をすると、最寄りの消防署などを統括する消防本部の指令室につながります。ポイントを押さえて、できるだけ正確に詳しく伝えましょう。

いざというときに備えて自宅の電話のそばに119番通報メモをはっておきましょう。

通報のポイント

①**火災が起こったこと**

②**出火場所（住所）**

　　※ 目印になる建物なども伝えます。

③**火災の大きさ**

・何が燃えているのか。

・建物の場合は、建物の種類
　（木造かビルか。）

・何階が燃えているのか。

④**逃げ遅れた人やけが人がいるか**

⑤**名前・電話番号**

・消防機関から確認などの電話をすることがあります。

> 「火事です！○○区○○町○○番地の住宅です。○○小学校の東側です。
> 　私の家の台所から火が出て、今も燃えています。
> 　私の名前は○○○○で、電話番号は○○○○○−○○○○です。」

■電話の種類別119番のしかた■

○ **公衆電話から通報する場合**

　緊急通報用ボタンがある電話機は、ボタンを押して「119」を押します。

○ **携帯電話やPHSから通報する場合**

　携帯電話やPHSからの119番通報は、一部の地域で使用できないことがありますのでご注意ください。

　また、携帯電話は通報地点と離れた地域の消防機関につながる場合もありますので、つながったら、現在地を正確に伝えてください。

消火の方法を覚えよう

天井に燃え移るまではまだ消せる

◦ 初期消火ができるのは、カーテンやふすまなどに火が燃え移って、天井に着火するまでです。

◦ 一人で消火しようとせずに、みんなで協力して消火してください。

火の消し方

◦ 消火器や水だけではなく、毛布で火をおおったり、座布団で火を叩いたりするなど、手近なものをフルに活用しましょう。

◦ 消火器を使うときは、風上から消火します。

◦ 直接火にかけないで、まわりからたたみかけるように炎をおおいます。

風上に立ちます。

直接火にかけるのではなく、まわりから炎をおおうように。
徐々に火元に近づいて消火します。

■ 炎が天井に燃え移るまでが勝負 ■

　火が出ても天井に燃え移るまでには数分かかります。その間に火を消せるかどうかが最大のポイントです。炎が縦にはい上がるような状況では、一刻も早く消火してください。

カーテンは引きちぎる。

ふすまは蹴り倒す。

寝たきりの人は毛布や布団に乗せて救出します。

避難の心得

いつ避難するか？

- 天井に火が燃え移ったら、すみやかに避難してください。
- 服装や持ち物にこだわらず、できるだけ早く避難します。

お年寄りを守りましょう

- お年寄りや身体の不自由な人は、逃げるのが遅れがちになります。優先して避難させましょう。

子供が一人のとき火事になったら

- もし火災が起こったらすぐに避難して、大人の人を呼ぶように教えておきましょう。
- 子供にも消火器の使い方を教えておきましょう。
- 子供だけを残して外出しないようにしましょう。やむをえず残していくときには、近所の人に声をかけておくようにしましょう。

■ 1階から出火！さてどうする？ ■

はしごで脱出

ロープやシーツを利用して脱出

シーツや毛布を水に浸してかぶる。

煙が死を招きます

◦ 煙は一酸化炭素などの有害ガスを含んでいます。火災でこわいのは、このような煙による窒息死などです。

◦ 服などに火が燃え移って焼死するよりも、煙を吸い込んで意識がなくなり死亡する場合がとても多いのです。

一刻も早く煙から逃げる

◦ 煙の中を逃げるときは、できるだけ姿勢を低くします。

◦ 濡れタオルやハンカチで口と鼻をふさいで、煙を吸い込まないようにします。

◦ 避難するときは、出入口のドアを閉めましょう。空気を遮断して炎の勢いを押さえます。

部屋の中に取り残されたときは、ドアに濡れシーツなどで目張りをして煙の侵入を防ぎ、119番に知らせて救助を待ちます。

■ 煙はあなたより速い ■

　熱せられた煙は、あっという間に部屋中に充満します。毎秒3〜5mで上昇し、横にも毎秒0.5〜1mという速さで広がります。

　上の階は特に煙の溜まり場となり、危険です。ベランダや火の手の回っていないところを探して、一刻も早く避難するようにします。

階段などを伝って、煙は一気に広がっていきます。

デパートや旅館などでは

避難口の確認を

- 旅行や買物などで初めて入る建物では、階段の位置を確かめる習慣をつけましょう。
- 特に旅館やホテルなどでは、非常口や避難経路を必ず確認しておきましょう。

火災が起こったら

- 非常放送や係員の指示をよく聞き、落ちついて行動しましょう。
- 避難口がわからなければ、誘導灯に従って壁伝いに進みます。
- 避難するときは出入口のドアを閉めましょう。
- いったん逃げ出したら、再び中に戻ってはいけません。
- エレベーターは使わないこと。

防火シャッター、防火戸

　火災が発生したときには、煙や炎が広がるのを防ぐために、防火シャッターや防火戸が自動的に閉まるようになっています。

　防火シャッターの横には防火戸がついているので、シャッターが下りた後でも防火戸から避難できます。

　防火戸は閉まっていても、避難方向に押せば開くようになっています。

防火管理者の指示に従う

　一定規模以上のデパートや旅館などには防火管理者がいて、自衛消防隊の組織をつくるよう法律で定められています。人命の安全確保と被害の軽減のために訓練がなされていますので、火災時にはそうした自衛消防隊の指示に従って行動してください。

　建物の規模にもよりますが、次のような班編成がなされていますので、知っておくとよいでしょう。

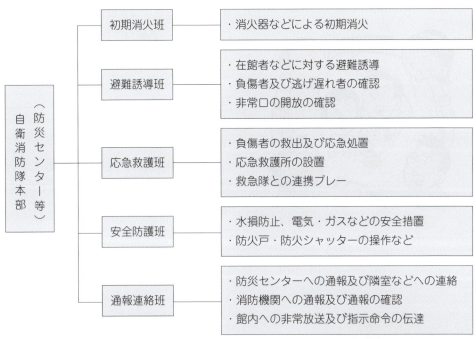

自衛消防隊本部（防災センター等）		
	初期消火班	・消火器などによる初期消火
	避難誘導班	・在館者などに対する避難誘導 ・負傷者及び逃げ遅れ者の確認 ・非常口の開放の確認
	応急救護班	・負傷者の救出及び応急処置 ・応急救護所の設置 ・救急隊との連携プレー
	安全防護班	・水損防止、電気・ガスなどの安全措置 ・防火戸・防火シャッターの操作など
	通報連絡班	・防災センターへの通報及び隣室などへの連絡 ・消防機関への通報及び通報の確認 ・館内への非常放送及び指示命令の伝達

火災発生！その後どうする？

生活再建に向けて

家が燃えてしまったら

　火災は一瞬にして、すべてを灰塵と化してしまいます。わが家が燃えてしまったら、今夜からどうすればいいのか戸惑うに違いありません。いざというときにあわてないために、どんなことが必要なのか、知っておきましょう。

助け合いの気持ちを忘れずに。

遠くの親戚より近くの他人

○ まず、住む場所を探さなければなりません。こんなとき一番頼りになるのは、隣近所の人々です。日頃から隣近所とのつき合いを大切にしておき、町内会・自治会の町ぐるみで助け合いましょう。

身を寄せるところがない場合

○ 市区町村の担当窓口に相談してみましょう。市区町村によっては、当分の間、公営住宅に優先して居住できる制度を設けている場合があります。

■ 援助物資が支給される場合も ■

　市区町村によっては、次の品物を支給する手続きをとってくれるところもあります。担当窓口に相談してみましょう。

○ 一人につき毛布1枚（日本赤十字社）
○ 1世帯に日用品1セット
○ お見舞い金

原因調査の立会い

　火が消えたあとには、消防署と警察署が連携して、火災がどのようにして発生したのか、どのようにして拡大したのか、どの程度損害が生じたのかなど、あらゆる角度から徹底的に調べることになりますが、そのとき、あなたは何をすればいいのでしょうか。

調査に立ち会う

○ 出火の原因と受けた損害などを調べるために、被災者本人は、火災が起きたときの状況を説明し、調査に立ち会って質問に答えます。

調査結果は貴重なデータに

○ 火災調査の結果は、同じような火災が起こるのを防ぐための貴重なデータとなります。

○ 慎重、正確に行うので長時間にわたる場合がありますが、協力するようにしましょう。

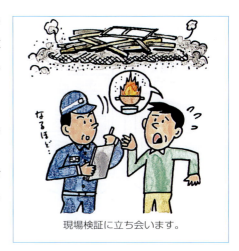

現場検証に立ち会います。

■ 同じような火災を繰り返さないために！ ■

　消防署は次のようにして火災の調査を徹底的に行います。

1. 延焼経路や、救助したときの状況、火災にあわれた方から聞いたことなどすべてのことを整理します。

2. 消火したあと、調査員が火災現場で瓦礫を整理し、出火前の状況に復元して、どこから、どのようにして火が出たのかを調べ、出火原因を決めます。

3. 現場の調査だけでは不十分な場合、出火状況を再現して実験します。

り災証明について

「り災証明書」は、火災保険金の申請や焼け出された瓦礫の処理の際に必要となるものです。必要に応じて、火災が起きた場所を管轄する消防機関等にお尋ねください。

火災保険金の申請では

◦ 動産・不動産ごとにり災申告書を添えて申請しなければなりません。

◦ 動産・不動産のり災証明は、購入当時の金額に原価償却した総額で証明することになっています。

瓦礫のあとかたづけでは

◦ 大都市圏では、消防署が発行する「り災証明書」を地域の清掃事務所に提出すれば処分してくれるところもあります。

◦ 地域によってその方法が異なりますので、まずは相談してみてください。

■ 電気・ガス・水道・電話は？ ■

　電気、ガス、水道、電話は、契約者の責任でそれぞれの会社に通知をすることが原則です。
　使用量がゼロでも基本料金が請求されてしまうことが考えられますので、この手続きは必ず行うようにしましょう。

火災の責任

　もし、火災を起こしてしまったら、隣近所との関係はギクシャクしたものになりがちです。しかし、加害者意識や被害者意識を持つことなく、"困ったときはお互いさま"の気持ちを忘れずにいたいものです。

　ここでは、火災原因に重大な過失がない場合だけを説明しますが、いろいろなケースが考えられますので、事実を正確に認識して法律の専門家に相談して解決してもらうことが最良の方策です。誤った判断で話をすすめることは絶対に避けたいものです。

賃貸アパートで、入居者が自分の部屋から出火してアパートを全焼させてしまった場合

　契約時に、建築物に重大な損傷を与えないという条件が示されていることもありますが、自分の部屋から出火した場合には、この条件に反することになります。

　しかし、入居の契約時に、不動産屋さんから借家人賠償責任特約付の火災保険への加入をすすめられていることもあります。

賃貸アパートで、大家さんの施設管理不適切などが原因で出火し、入居者の財産に損害を与えてしまった場合

　大家さんは、施設所有管理者として入居者が快適な生活を営み、かつ財産を管理できる環境を整えておく責任があります。

　このため、施設所有管理者のための賠償責任保険もつくられています。

火災に備えて

放　火

まずは家のまわりをチェック

- 家のまわりやアパートの階段下に燃えやすい物を置かないようにします。
- ゴミは収集日の決められた時間に出すようにします。
- 空き家、車庫、物置などの戸締まりをきちんとするように心がけます。
- 家を空けるときは、隣近所に声をかけておきます。

放火されない環境を

- 家のまわりは外灯をつけるなどして、できるだけ明るくしておきます。
- 地域のみんなで、定期的に夜の見回りをするようにしましょう。放火犯を締め出すくらいの気持ちが大切です。

放火（放火の疑いを含む。）による火災が、近年出火原因の第1位になっています。

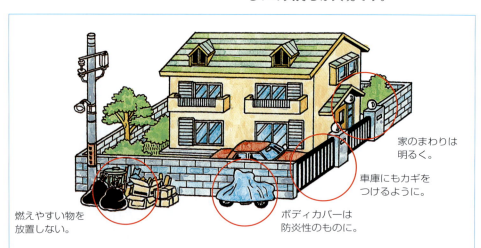

燃えやすい物を放置しない。

ボディカバーは防炎性のものに。

車庫にもカギをつけるように。

家のまわりは明るく。

　何よりも、放火犯が寄りつかないようにしておくことです。自分の家のまわりをもう一度確認してみましょう。

たばこ

死者の発生した火災の原因で1番多いのは「たばこ」です。（放火自殺者を除く。）

ルールを守ればこわくない！

◦ 日頃から寝たばこをしない習慣を身につけます。

◦ 灰皿は大きめのものを用意して、水を入れておきます。

◦ 火のついたたばこを放置しないようにします。火が消えたかどうか必ず確認をします。

◦ 吸殻を捨てるときは、1度水にさらしてから捨てるようにします。

◦ 歩行中の喫煙、たばこの投げ捨てはやめます。

◦ 決められた場所で吸うようにします。

お酒を飲んだあとの寝たばこほど、コワイものはありません！

■〔火災事例〕18時間もくすぶり続けた布団 ■

　33歳の女性が、夕方、くわえたばこで布団をたたんでいるときに、たばこの火種が布団に落ちたことに気づかずそのまま外出してしまいました。

　長時間くすぶって（無炎燃焼）、18時間もたった翌日の昼頃、アパートの隣の部屋の人がきな臭いにおいと、自分の部屋の壁のコンセントのすき間から煙が出ているのを発見し、火災に気がつきました。

　たばこによる火災では、押入れが出火箇所になるケースが多くあります。布団は長時間くすぶったあとに燃え出すことがあるので、特に注意が必要です。

天ぷら油

とにかく、目を離さないこと

- 天ぷらを揚げているときは、その場から決して離れないこと。
- 離れるときは、炎を小さくするのではなく、必ず消すこと。
- ガスコンロのまわりや上に、燃えやすい物を置かないこと。
- 凝固剤を入れて再度油を熱するときも、その場を離れないでください。
- 天ぷら油過熱防止機能がついたガスコンロを使いましょう。
- 万が一のときに備えて、消火器を用意しておくと安心です。

あわてて水をかけるのは厳禁！
炎がますます広がってしまいます。

■ 天ぷら油から出火！（その1）〈消火器で消すには？〉 ■

　天ぷら油から火が出たときには消火器で消すのが一番確実な方法ですが、その消火器も、ただ火の方向にホースを向ければいいというわけではありません。ちょっとしたコツが確実に火災を食い止めるのです。ご家庭の消火器の種類を確認して正しい消火方法を覚えておきましょう。

- 天ぷら油火災には、強化液消火器を使うと効果が上がります。
- 強化液消火器は直接油にかけると油が飛び散って危険です。鍋の縁に当てて間接的にかかるようにします。
- 粉末消火器の場合は、鍋の油面をおおうようにして消火します。

火遊び・花火

子供の火遊びをやめさせるには

- 幼い子供の手の届くところには、ライターやマッチを置かないこと。
- 幼児だけを置いて外出しないようにしましょう。
- 子供に火の大切さやこわさを教えてあげることが大切です。

楽しい花火をするために

- 風の強いときはしてはいけません。
- 消火用の水バケツを近くに用意しておきます。
- 子供だけではさせない配慮が大切です。
- 終わったら、完全に火を消す習慣をつけましょう。
- 1度にたくさんの花火に火をつけないようにしましょう。

■ 「浴衣で花火」もいいけれど…■

　もしも、花火の火が浴衣などの着衣について燃え上がってしまったら、地面などに横になって転がるようにしてください。酸素を遮断する「窒息消火」の方法をとることで、被害を少なくすることができます。
　火がついたまま立っていると、火が着衣に沿って勢いよく燃え上がり、皮膚がさらされている顔などを大やけどする場合があります。

通電中は感電の危険があるので水をかけてはいけません。

電気関係

日々の点検が肝心

- タコ足配線をしたり、コードの上に物を置くのは危険です。

- 器具の調子が悪いときは、電源を切ってすみやかに電気店に見てもらうようにしてください。

- 長時間使用した場合、プラグが熱くなっていないか確認すること。

- コンセントはときどきそうじをして、ホコリがついたままになっていないように点検すること。（トラッキング現象^{（注）}で火災になる場合があります。）

- 必要のないものは、こまめにプラグを抜くようにしましょう。

（注）：トラッキング現象……プラグやコンセントのまわりに付着したホコリや湿気により電流の経路ができてしまい、そこから発熱出火すること。

■〔火災事例〕コンセントの周囲は要注意 ■

　電気炊飯器と電気ポットに使っているコンセントが結露や水分で錆びてしまったため発熱し、電線が短絡してまわりのホコリやゴミくずに火がつき火災になってしまいました。

　その家の64歳の女性は庭で草取りをしていて、パチパチという音を聞いたのに気に止めなかったため、台所から黒い煙が出ているのを見て初めて火災に気がつきました。

　火災の発見が遅れたため、結局全焼2棟、半焼2棟、ぼや2棟という大きな火災事故になってしまいました。

ガス・石油関係

ガス漏れにも注意

◦ ゴムホースをときどき点検して、古くなっていたらすぐ取りかえます。

◦ コンロは壁から離して置きます。

◦ 使用していないガス栓にはキャップをしておきます。

◦ 火を使うところは、常に整理整頓をする心がけが必要です。

着衣着火の防止

◦ 調理中はストールなどを外し、すそや袖が広がった服を着ているときは、特に炎に接しないよう注意しましょう。

◦ 鍋等の底から炎がはみ出さないよう、適切な火力に調整しましょう。

◦ 炎に接しても着火しにくい防炎品のエプロンやアームカバーを使いましょう。

石油ストーブは正しい取扱いを

◦ 給油は必ず火を消して、カートリッジタンクのふたはしっかり閉めること。

◦ 対震自動消火装置付の物を使いましょう。

◦ 洗濯物を乾かすために石油ストーブを使わないでください。カーテンの近くで使うのも火が燃え移る可能性があり危険です。

◦ 火をつけたまま移動させないこと。

◦ 通路や燃えやすい物の近くに置かないようにすること。

◦ 定期的に換気をするとともに、ヘアースプレーなどのエアゾール製品は火気のそばでは使用しないこと。

知らない間に衣類に火が燃え移ることがあります。

就寝前に安全確認を

思わぬところからの出火

　日頃、私たちの生活を支えている物の中には、思わぬ条件が重なって火災を引き起こす物があります。ここで紹介する内容は実際にあった火災事例ですが、そのほかにも火災の原因となりうる物が数多くありますので、正しい取扱方法を守って、火災につながる危険要因を1つでも多く排除するようにしましょう。

ライターが押されて出火

ふすまを閉めたときに、そこに落ちていたライターが挟まれ、操作ボタンが押されて出火

扇風機から出火

扇風機を切り忘れて就寝したところ、モーターが過熱して翌朝に出火

布団乾燥機とマットレス

長時間の布団乾燥機の使用により、寝具用のマットレスの内部に熱が蓄積され自然発火

ペットボトルと太陽

ペットボトルに太陽光線があたり、レンズのかわりとなって光が収れんされ出火（金魚鉢でも同じようなことがあるので注意）

電子蚊とり器

就寝時に布団の横に置いてあった電子蚊とり器を布団に巻き込み出火

エアゾール缶の爆発

エアゾール製品のスプレー缶をガスファンヒーターの吹出し口付近に置いておいたところ爆発

アロマテラピーでグッスリ

アロマテラピーのろうそくをつけたまま寝入ってしまい、近くに置いてあったぬいぐるみに火が燃え移り出火

開けたままの冷蔵庫

スイカなどで戸が閉まらず、冷蔵庫を長時間使用したため、モーターが過熱して出火

鍋と壁

鍋をガスコンロにかけてそのままにしていたら、ステンレス張りの壁に鍋を通して熱が伝わり経年で炭化されていた下地材に着火

乾燥機の衣類

油のついた衣類を洗い、乾燥機で乾燥したところ、洗い落ちずに残った油が熱によって化学反応を起こし、自然発火

電気製品は水嫌い

テレビラックに置いてあった植木鉢に水をやったところ、こぼれた水がテレビの内部に入り込み、ショートして出火

犬と電気毛布

寒いだろうと犬小屋に電気毛布を敷いたところ、犬が毛布を噛み、ヒーター配線が短絡して出火

排気管とベニヤ板

車内を温めておこうとエンジンをかけたまま放置していたところ、排気管の熱により老朽化したベニヤ板が過熱され出火

除草剤と枯れ草

水に溶かすべき除草剤を粉状のまま散布したところ、枯れ草を酸化発熱させて出火

電子レンジの時間設定

通常、数分温めればよい物を、誤って40分近く加熱したために出火

蜂の巣退治

蜂が軒先に巣をつくったので、焼き払うために新聞紙に火をつけて近づいたところ、その火が屋根の下地材に着火し、出火

火災を出さないすぐれもの

火災を知らせる

　火災は年間約36,900件（1日あたり約100件）発生しています。どんなに火災を出さないようにしても、人間の注意力にはやはり限界がありますので、これらを機械の力によってカバーすることも火災を防ぐ上で重要なポイントになります。

　特にアメリカでは、住宅用火災警報器の普及によって住宅火災による死者の発生を約40％も減らすことができたそうです。

　なお、日本においては、消防法及び市町村条例により、すべての住宅への住宅用火災警報器の設置が義務づけられています。

　皆さんのご家庭でも、防災対策に少し投資されて、より安全な家庭環境をつくってください。特に、お年寄りのいらっしゃるご家庭では、とても有効です。

住宅用火災警報器	ガス漏れ警報器

火災の煙または熱を感じると、警報音や音声で知らせます。	ガスを感じると、警報音や音声で知らせます。

■ 天ぷら油から出火！（その2）〈消火器がないときには？〉 ■

　火が小さいうちなら、鍋のふたを手前から炎を押さえつけるようにかぶせます。"炎が大きくてふたができない"という場合には、濡らしたシーツを鍋におおうようにかぶせます。その際には、やけどや鍋をひっくり返すことのないように、十分注意してください。

　どちらもいったんは火が消えたように見えても、ふたやシーツを取ると再び燃え出すことがあるので十分注意してください。

ガスコンロの火も消しましょう。

火災を防ぐ

簡易自動消火装置

火災が発生したことを感じると、ノズルから自動的に消火用の薬剤を出して火災を消します。

住宅用消火器

小型で持ち運びに便利な軽量タイプで、色は赤のほか、緑、黄色などがあります。

住宅用スプリンクラー設備

火災が発生したことを感じると、ノズルから自動的に水道水を出して火災を消します。

安全調理器具

天ぷら油過熱防止機能付・立消え安全装置付。

防炎品

カーテンやカーペットなどは、燃えにくい防炎物品を使うことにより、火災を大きくさせないことができます。

特に高齢者の方には防炎製品のエプロン、アームカバー、寝具（シーツ、枕カバー）などの使用をおすすめします。

お年寄りや子供を守るために

家族みんなで防火

　皆さんのお宅で火災を出さないためにどうしたらよいか、また火災になってしまったらどうすればよいか、あと始末はどうしたらよいかなどについてこれまで述べてきましたが、ご家庭一軒一軒にいろいろな形の幸せがあるのと同じように、それぞれの家（建物）にも、必要な火の用心対策があります。

　年に1回は気楽な気持ちで、家族で防災について話し合ってみましょう。

話し合う内容

◦ 火災が起きたらどうするか。
　├ 家族全員がいるとき
　├ 全員が外出しているとき
　├ 一人でいるとき（特にお年寄りなど）
　└ 隣近所で出火したとき
◦ それぞれの役割分担
　├ 大声を出す人
　├ 119番通報をする人
　├ 消火する人
　└ 非常持出品を持つ人
◦ 震災時の連絡方法
◦ 家族の集合場所

◼ 防災訓練に参加してみませんか？ ◼

　消火器の使い方や避難のしかたなどは、実際に経験してみなければ、なかなか理解するのは難しいものです。そのため、各地域では住民の皆さんが気軽に参加できるような防災訓練を実施しています。

　消火訓練、避難訓練、応急手当訓練など、一度でも経験しておけば自信もつきますし、いざというときに体が動いてくれます。

　消防署などに問い合わせてみて、ぜひ一度参加してみてください。

火災から命を守る 10 のポイント

①**お年寄りや病気の人、幼児だけを残して外出しない。**

- お年寄りや病気の人は火の取扱いが困難です。
- 幼児の手の届く場所には、マッチやライターを置かない。

②**方向の異なる 2 つ以上の逃げ道を決めておく。**

- 寝入りばなや深夜の火災は、発見が遅れ、焼死する危険が高くなります。ふだん使っている出入口のほかに、もう 1 か所、逃げ出せる通路を決めておきましょう。

③**寝具等はできるだけ防炎品等を使用する。**

- 特に、お年寄りや子供部屋などのカーテンや布団類には防炎品等を使いましょう。

④**寝たばこは絶対しない、させない。**

- 寝たばこによる出火は、直接、死者が出る火災につながる場合が多いのです。

⑤**おやすみ前には必ず火の元を確かめる。**

- 寝る前には、毎日時間を決めて、確実に火の元を点検する習慣をつけましょう。

⑥**火災を起こしたり、見つけたら、大きな声でまわりの人に協力を求める。**

- どんな小さな火災でも、家族や近所の人にいち早く知らせましょう。

⑦**服装や持ち物にこだわらず、できるだけ早いタイミングで避難する。**

- いつまでも服装や持ち物にこだわっていると、逃げ場やタイミングを失ってしまいます。

⑧**煙の中を避難するときは、できるだけ姿勢を低くする。**

- 火災のときは室内の温度が上昇して、部屋の上の方に高温の空気（煙）が溜まり、それがだんだんと下に下がってきます。このため、床に近いところでは比較的新鮮な空気があり、見通しもよくなります。手ぬぐいやハンカチで口や鼻をおおい、姿勢を低くして早く屋外に出るようにします。

⑨**いったん逃げ出したら、再び中に戻らない。**

- 貴重品や家財が心配になって、まだ大丈夫だろうと取りに戻り、命を落とす例があります。

⑩**逃げ遅れた人がいるときには、消防隊にすぐ知らせる。**

- 逃げ遅れた人がいるときには、その情報をいち早く消防隊に知らせましょう。

地域との連携

　お年寄りや身体の不自由な人は、火災のときに一人で避難することが困難です。消防署などではこのような方がどこに住んでいるかなど、いろいろな対策を考えていますが、実際に消防隊が火災現場に到着するまでの時間を考えると、救出・救護など地域の皆さんの協力が絶対に必要になってきます。

ふだんからのおつき合い

- 一人暮らしのお年寄りが近所にいるときは日頃から声をかけるようにしましょう。
- 家に寝たきりの病気の人がいるときは、隣近所にいざというときに協力してもらえるよう頼んでおきましょう。
- 自主防災組織などと一体化した地域ぐるみの協力体制づくりを進めていきましょう。
- 市区町村などでは、お年寄りや身体の不自由な人のために防災用品を給付しているところもあります。

■地域包括支援センターについて■

　平成17年の介護保険法の改正により、公正・中立な立場から、地域における介護予防マネジメントや総合相談、権利擁護などを担う中核機関として地域包括支援センターが創設されました。この機関は市町村などが運営主体となり、保健師、社会福祉士、主任介護支援専門員といった専門の方が配置されています。

一人暮らしのお年寄りのために

　一人暮らしのお年寄りは、火災の発生に気づかなかったり、逃げ遅れて死亡する危険性がとても高いのです。

- 住宅用火災警報器やガス漏れ警報器を取りつけましょう。
- 住宅用スプリンクラー設備も大活躍します。
- 火災に気づいても、とっさに逃げることができないこともあります。そんなときに助けを呼ぶことのできる手段を考えておきましょう。

■ **ペンダント式の発信器** ■

　急に具合の悪くなったときに、身につけているペンダント式の発信器を押すと、最寄りの消防機関などに自動的に通報され、救護の手が差しのべられます。

火災を起こさないために

わが家の防火チェック

あなたは日頃、どのくらい火災に注意しているでしょうか。

スタート地点から順番に質問に答えて、★の数を集計してみてください。82ページに★の数に応じたあなたの家の防火対策のレベルを説明してあります。

さあ、あなたの家では★がいくつになりますか？

スタート！

寝る前やお出かけ前には火の元の点検をしていますか？

している　　　　　★★★☆☆
ときどきしている　★★☆☆☆

電気のコンセントのホコリをそうじしていますか？

ときどきしている　★★★☆☆
全然していない　　☆☆☆☆☆

＊コンセントからも火災が発生しています。

避難路になるところは整理・整頓していますか？

している　　　　　★★★☆☆
ときどきしている　★☆☆☆☆

天ぷらを揚げているときにその場を離れていませんか？

絶対離れない　　　★★★☆☆
ときどき離れる　　☆☆☆☆☆

家の周囲に燃えやすいものを置いていませんか？

置いていない　　　★★★☆☆
置いてある　　　　☆☆☆☆☆

80

住宅用火災警報器は設置してありますか？

設置してある　★★★★★
設置するつもり　★★★☆☆

ガスコンロの火が接しても燃え上がらない衣類などを使っていますか？

使っている　★★★★★
使っていない　☆☆☆☆☆

＊調理中の火が衣類に着火して大やけどを負う火災が発生しています。

消火器もしくは消火のための準備はしてありますか？

消火器がある　★★★☆☆
風呂の水の汲み置きをしている　★★☆☆☆

もし火災になったら誰がどうするか家族で相談していますか？

ときどきしている　★★★☆☆
全くしていない　☆☆☆☆☆

ゴール！

自己診断ご苦労さまでした。いかがでしたか？

診断を行ったあなたに、ボーナス点★ 3 個を差し上げます。

★★★

いざというとき隣近所で助け合うことができますか？

たぶん助け合える　★★★☆☆
おそらく無理　☆☆☆☆☆

＊日頃から、隣近所のおつき合いが大切です。

ライター、マッチは子供の手の届かないところに置いてありますか？

手に触れないところに置いてある　★★★☆☆
適当に置いてある　☆☆☆☆☆

火災予防意識の診断の結果を 6 段階に評価してみました。
あなたはどのランクでしたか？

★ 30 個以上

> たいへんよく火災予防が行われて
> います。これからもこの調子で！

★ 15 個以上

> 火災予防の意識はまだ十分とは言
> えません。今後に期待します！

★ 25 個以上

> かなり火災予防がなされていま
> す。
> さらに上を目指してがんばってく
> ださい！

★ 10 個以上

> 火災予防の知識と注意が必要で
> す。
> 火災で大切な財産をなくさないた
> めにも！

★ 20 個以上

> 火災予防の意識はまずまずです。
> 次は行動力を向上させましょう！

★ 10 個未満

> 火災予防を少しは意識してくださ
> い。このままだとあなたの不注意
> から火災が起こりかねません!!

火災は日頃のちょっとした心がけで防ぐことができます。
　自分の不注意から一瞬にしてすべてを失ってしまうことにならないよう、注意しま
しょう。

風水害編

　日本の国土は、四季の変化に富む反面、洪水や土砂災害などさまざまな風水害の危険に常にさらされています。

　これらの災害は、私たちの手でおさえることはできませんが、事前の備えや応急対策によって被害を軽減することができます。

　風水害から身を守るため、日頃の備えを万全にしておきましょう！

（写真提供：豊橋市）

ここが危ない！（家や地域のここが危ない）

家のまわりを確認しよう

・外壁・ベランダに亀裂や
　腐食がないか
・雨戸や窓にがたつきがな
　いか

・屋根にひび割れやはがれ、瓦
　のずれ、アンテナの緩みやぐ
　らつきがないか
・トタン板などが風圧で吹き飛
　ばされることはないか

・ベランダに物干し竿、植
　木鉢など風で飛ばされそ
　うなものはないか

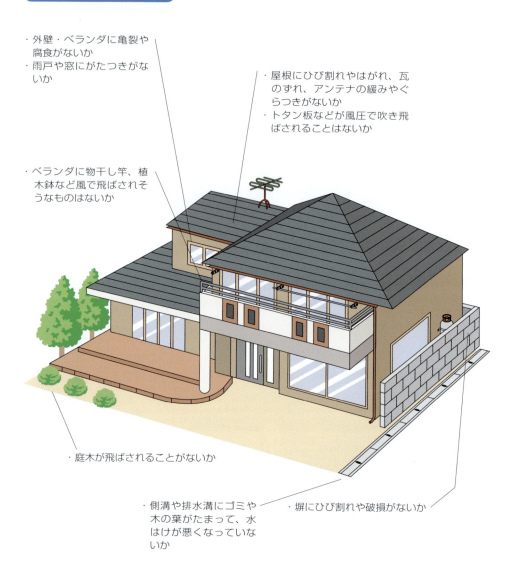

・庭木が飛ばされることがないか

・側溝や排水溝にゴミや
　木の葉がたまって、水
　はけが悪くなっていな
　いか

・塀にひび割れや破損がないか

土砂災害、洪水に注意したい場所

扇状地

山間部の集中豪雨からの土石流に要注意。早めに避難の準備をします。

造成地

地盤がゆるみ崩れる危険があります。水抜き穴から濁り水が出はじめたら要注意。

山岳地帯

集中豪雨や地震による山崩れに用心します。とくに木の少ない山間部は土石流に対する警戒が必要です。

河川敷

昔、河川敷だったところや河川の流域は、洪水についての対策を万全にします。

高潮に注意したい場所

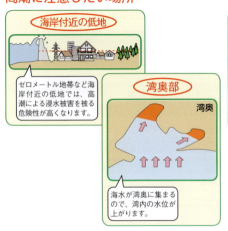

海岸付近の低地

ゼロメートル地帯など海岸付近の低地では、高潮による浸水被害を被る危険性が高くなります。

湾奥部

湾奥

海水が湾奥に集まるので、湾内の水位が上がります。

自然地形

V字谷など

波の集中が起こりやすく、局所的に水位が上がります。

急深な海底地形

波が海岸部で急激に高くなります。

河口部

高潮と洪水の両方の危険が重なります。

風水害！そのときどうする？

台風、大雨のときは

気象情報の収集

外出を控え、気象情報を収集する

○ 台風や大雨などによって、洪水、がけ崩れなどの災害が起こりやすくなります。災害に備え、台風が接近しているとき、大雨のときは外出を控えましょう。また、気象状況によっては、気象庁から「注意報」「警報」「特別警報」などが発表されます。テレビ・ラジオなどで最新の情報を確認しましょう。

「自分の判断」で速やかな避難を

○ 気象庁が発表する気象情報や、市町村から発表される避難指示などの避難に関する情報が5段階の警戒レベルに区分されています。各警戒レベルにおいてとるべき避難行動は、次のとおりです。一人ひとりが率先して「命を守るための最善の避難行動」をとることを心がけましょう。

○ 万一のときに備え、自分の地域の避難場所を確認しておきましょう。

■ 防災情報の警戒レベルと住民がとるべき行動 ■

警戒レベル	状況	住民がとるべき行動	行動を促す情報
5	災害発生又は切迫	命の危険　直ちに安全確保！	緊急安全確保※1
		＜警戒レベル4までに必ず避難！＞	
4	災害のおそれ高い	危険な場所から全員避難	避難指示
3	災害のおそれあり	危険な場所から高齢者等は避難※2	高齢者等避難
2	気象状況悪化	自らの避難行動を確認	大雨・洪水・高潮注意報（気象庁）
1	今後気象状況悪化のおそれ	災害への心構えを高める	早期注意情報（気象庁）

※1 市町村が災害の状況を確実に把握できるものではない等の理由から、警戒レベル5は必ず発令されるものではない
※2 警戒レベル3は、高齢者等以外の人も必要に応じ、普段の行動を見合わせ始めたり危険を感じたら自主的に避難するタイミングである

避難するときの注意点

避難の準備をする

◦ 避難をする際には、火の始末や戸締りを行います。電気製品の電源を切り、ガスの元栓を閉めます。

◦ 荷物が多いと避難に遅れてしまうことにつながります。携帯品は必要なものだけを背負うようにして、手が使えるようにします。夜間にはできるだけ懐中電灯を身につけましょう。

避難の心得

◦ 避難指示等が出された際は、指示に従い、避難が遅れないように気をつけます。

◦ 家族や近所の人と一緒に、2人以上で避難するようにします。

■ 降雨量と体感雨量 ■

1時間あたりの雨量

やや強い雨 1時間に10〜20mmの雨	強い雨 1時間に20〜30mmの雨	激しい雨 1時間に30〜50mmの雨	非常に激しい雨 1時間に50〜80mmの雨 滝のように降る雨。	猛烈な雨 1時間に80mm以上の雨
ザーザーと降る雨。地面からのハネ返りによりズボン等が濡れます。	土砂降りの雨。傘をさしていても濡れてしまうほどの雨。	バケツの水をひっくり返したような激しい雨。道路が川のようになります。	滝のように降る雨。	息苦しくなるような圧迫感のある雨。
この程度の雨でも長く続く時は注意が必要です。	側溝や下水、小さな川があふれる場合があります。	下水管から雨水があふれ出るところが発生します。	地下室や地下街に雨水が流れ込む場合があります。マンホールから水が噴出します。	大規模な水害が発生するおそれが強く、厳重な警戒が必要です。

洪水には

安全なルートですぐに避難

◦ 事前にハザードマップなどで危険箇所を把握し、避難所までの安全なルートを確認しておくことが必要です。

浸水が始まる前に避難を

◦ 水位が膝より高くなると歩行が困難となります。水位がそれ以下の場合でも流れの速さによっては、避難に支障を来すおそれがあります。避難は、浸水が始まる前に早めに行うことが原則です。浸水が始まり、安全な場所に避難する時間がない場合は、建物内のより高いところに避難する「垂直避難」を行いましょう。

◦ 自動車走行中、水位が10cmを超えるとブレーキ性能が低下するため、すぐに安全な場所へ自動車を移動させ、徒歩で避難しましょう。

足元に注意

◦ 浸水した道路では、水路との境やふたが開いているマンホールの穴は見えません。やむを得ず水の中を移動するときは、棒で足下を確認しながら移動しましょう。

◦ 子供から目を離さないように注意し、ロープでお互いの身体を結び避難します。幼児は浮き袋、乳児はベビーバスなどを活用し安全を確保しましょう。

◦ 長靴は水が中に入ると動きにくいので、動きやすい運動靴を履くようにします。

地下室、地下街は危険

◦ 地下室や地下街が浸水した場合、水圧でドアが開かなくなることもあります。すぐに避難しましょう。

土砂災害には

主な土砂災害

①がけ崩れ

◦豪雨などにより急な斜面が突然早いスピードで崩れ出します。

[前ぶれ]…がけからの水が濁る、がけにひび割れが入る、小石がバラバラと落ちてくる。

②土石流

◦豪雨などにより山や川の大量の土砂が水とともに一気に下流に流れ出します。すさまじい勢いと速さで、家屋などを押し流してしまいます。

[前ぶれ]…山鳴りがする、雨が降り続いているのに川の水位が下がる、川の流れが濁ったり、流木が混ざりはじめる。

③地滑り

◦粘土などの滑りやすい地層を境に、その上の地面がゆっくり滑って動き出します。

[前ぶれ]…地面にひび割れができる、沢や井戸の水が濁る、斜面から水が吹き出す。

早期避難を心がける

◦扇状地や造成地、山岳地帯などは、土砂災害が起こりやすい場所です。

◦早期に避難をして助かったケースが数多くありますので、前ぶれがみられた場合や、大雨が降り続いて危険を感じた際は、自主的に早期避難しましょう。

高潮には

台風と高潮

◦ 台風や低気圧の接近とともに海面が吸い上げられ、強い風によって海水が風下に吹き寄せられて、海面が異常に高くなるために起こる現象が高潮です。

◦ 海岸地帯、低い土地では特に厳重な警戒をする必要があります。高潮危険度や避難場所・避難経路をあらかじめ確認しておきましょう。

情報収集と早めの避難

◦ 高潮は増水の速度が速く、地上に水が出るのを見てからでは避難が間に合いません。

◦ 高潮災害を悪化させる条件として、大型で強い台風、台風のコース、大潮、満潮、満潮の前後数時間などがあります。災害の発生が予想されるときは、気象庁からの高潮情報や自治体からの避難情報が発表されます。台風などの気象情報や、市町村の発表する避難情報を収集し、風雨の状況、避難者の体力、避難時間などを考慮して、早めに避難する必要があります。

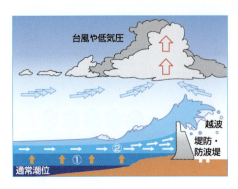

台風や低気圧

越波
堤防・防波堤

① ②

通常潮位

■ 高潮に関する気象情報 ■

◦ 高潮警報、高潮特別警報、高潮注意報
　台風や低気圧等による異常な海面の上昇により、次の警報や注意報が発表されます。
　・重大な災害が発生するおそれがあると予想したときに高潮警報
　・警報の発表基準をはるかに超える重大な災害の危険性が著しく高まっていると予想したときに高潮特別警報
　・災害が発生するおそれがあると予想したときに高潮注意報

◦ 台風情報
　台風情報は、台風の実況と予報からなります。
　・台風の実況の内容は、台風の中心位置、進行方向と速度、中心気圧、最大風速（10分間平均）、最大瞬間風速、暴風域、強風域です。
　・台風の予報の内容は、72時間先までの各予報時刻の台風の中心位置（予報円）、中心気圧、最大風速、最大瞬間風速、暴風警戒域です。

その他の災害には

竜巻から身を守るには

屋内にいる場合

○ 2、3階建ての住宅などにいる場合は、地下室又は1階の中心部の窓のない部屋へ移動し、頑丈な机の下に入り、両腕で頭と首を守ります。

○ 窓やカーテンを閉め、窓の付近はガラスが飛び散ってくる危険があるので近づかないようにします。

屋外にいる場合

○ 飛来物に注意して、近くの頑丈な建物に避難します。

○ 近くに頑丈な建物がない場合は、近くの水路やくぼみに身を伏せ、両腕で頭と首を守るようにします。

○ 車庫・物置・プレハブの建物を避難場所にしないようにします。

○ 橋や陸橋の下に行かないようにします。

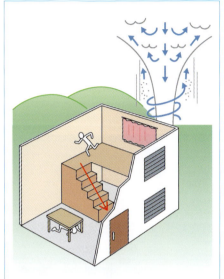

屋内にいる場合

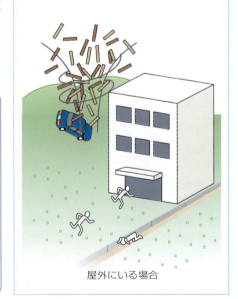

屋外にいる場合

■ **竜巻接近時によくみられる現象** ■

　発達した積乱雲の強い上昇気流が、何らかの原因でうずまきのように回転すると、竜巻となります。次のような状況になると、竜巻の発生するような発達した積乱雲が近づいている可能性があります。

　○ 真っ黒い雲が近づいて、急に暗くなる
　○ 雷鳴や雷光がある
　○ ヒヤッとした冷たい風が吹き出す
　○ 大粒の雨やひょうが降り出す

雷から身を守るには

屋外にいるときは

- 外にいて雷が鳴ったときは、速やかに建物や自動車の中などの安全な場所へ避難しましょう。
- 高い木の下はとても危険です。木の幹や枝葉から2m以上は離れましょう。
- 傘などとがったものは頭より低くし、カーボンファイバーなど電気を通す材質のテニスラケットやつり竿、ゴルフクラブは手から離し、できるだけ低い姿勢で、安全な場所へ避難しましょう。

屋内にいるときは

- 建物の中は、外にいるときよりも安全ですが、すべての電気器具、天井・壁から1m以上離れて、部屋の中心で雷が過ぎるのを待ちましょう。
- 雷が原因でパソコンなどの電気製品が壊れる場合がありますので、雷鳴が聞こえたら、万一に備えてコンセントから電気製品のプラグを抜いておきましょう。

2m以上

■ 落雷の特徴 ■

　雷でもっともおそろしいのは、落雷の直撃を受けた場合のショック死です。

　雷は、近くに高いものがあると、これを通って落ちる傾向があります。また、雷雲の位置によって、場所を選ばずに落ちるため、落雷場所の具体的な予測は困難です。

　雷鳴が聞こえるなど雷雲が近づく様子があるときは、落雷がさし迫っています。

　雷の電流は金属を伝わって流れる傾向があり、丈夫な金属で囲まれている鉄筋コンクリート建築物、自動車（オープンカーは不可）、バス、列車の内部は比較的安全です。また、木造建築物の内部も基本的に安全です。

　雷の電流は物体の表面を多く流れる性質がありますので、軒先での雨やどりは危険なため、建物の内部へ避難しましょう。

雪崩から身を守るには

場所と時期に注意

∘ 春先は最も雪崩が起きやすい季節です。積雪地帯で雨が降った後や気温が急に上がったときは注意しましょう。

∘ スキー場では、ゲレンデ以外の立入禁止場所に入ってはいけません。

∘ 登山では、障害物のない広い斜面や沢すじ、雪庇の下側などに近づかないようにします。

∘ 急な大雪により、観光道路や林道でも雪崩が起きることがありますので、道路の危険箇所もできるだけ事前に調べておきましょう。

万が一雪崩に巻き込まれたら

∘ 雪崩に巻き込まれた場合でもあきらめず、雪の中を泳ぐようなつもりで、浮き上がる努力を続けます。

∘ 鼻や口に雪が詰まらないよう両手で顔をおおい、呼吸を確保します。

∘ 岩や樹木など、つかまることができる物があれば、つかまります。

∘ 大声を出して仲間に自分の位置を知らせます。

表層雪崩

すべり面
新雪
積雪

全層雪崩

すべり面
新雪
積雪

■ 表層雪崩は厳寒期に、全層雪崩は春先に発生しやすい ■

　雪崩とは、山腹の斜面に積もった雪が、重力の作用によって下の方に滑り落ちる現象で、大きく分けて表層雪崩と全層雪崩があります。それぞれの特徴は次のとおりです。

・表層雪崩は、気温が低く、降雪が続く、1〜2月の厳寒期に多く発生します。古い積雪面に降り積もった新雪が滑り落ちる雪崩で、雪崩の速度は時速100〜200kmと新幹線並みのスピードになり、破壊力が強大で被害範囲も広くなります。

・全層雪崩は、斜面の固くて重たい雪が、時速40〜80kmと自動車並みのスピードで、地表面の上を流れるように滑り落ちる雪崩です。真冬にも発生しますが、特に春先の融雪期など気温が上昇したときに多く発生します。

風水害に備えて

日頃からの備え

◦ 日頃から気象予報に注意し、状況によっては外出や旅行計画の変更や中止を決断しましょう。

◦ 過去の被害も含めて、自宅付近の地形や道路の状況などを確認し、災害の危険度や危険箇所などを把握しておきましょう。

◦ 自治体提供の防災情報をチェックし、避難場所や避難経路をあらかじめ確認しておきましょう。

◦ 排水溝や側溝は常に水はけの良い状態にしておきましょう。

◦ 屋根や外壁、ブロック塀などは定期的に点検を行い、必要に応じて補強や補修をしておきましょう。

準備しておくもの

◦ 停電や断水に備えて、懐中電灯や携帯ラジオ、電池や非常食、水などを用意し、非常持出品を日頃からそろえておきましょう。

救急編

　突然の事故や病気で家族や知り合いが倒れたとき、私たちはどのような行動をとればよいのでしょうか？

　けがや病気の種類によっては、そのままにしておくと生命に危険を及ぼすものも少なくありません。このような場合には、一刻も早く適切な応急手当を行うことが必要となってきます。

　救急車や医師が到着するまでの間に、その場に居合わせた人が正しい応急手当をするかどうかによって、救命率が大きく変わってきます。

　尊い命を救うためにも、正しい応急手当の方法を覚えておきましょう‼

（写真提供：東京消防庁）

けが人・急病人発生！そのときどうする？

応急手当はなぜ必要か？

命を救う第一歩

応急手当の目的
◦ 応急手当には次の3つの目的があります。

　救命：一番の目的は、けが人や急病人の生命を救うことです。

　悪化防止：けがや病気を治すのではなく、今以上に悪化させないようにします。

　苦痛の軽減：心身ともにダメージを受けています。

　　　　　　　応急手当を行うのと同時に励ましの言葉をかけてあげましょう。

他人を救うことが自分を救う
◦ 急に人が倒れたようなときは、放置することなく、その場に居合わせた人がすぐに応急手当を行うようにすることが必要です。

◦ 特に震災や風水害のときは、ふだんのように救急隊に期待することは難しくなります。

◦ こんなときこそ自分たちで応急手当を行って、助け合うことが必要です。

◦ そのためにも、まず、あなたが正しい知識と技術を覚えて、応急手当を行うようにしましょう。

突然死を防ぐために
◦ 成人が突然死する原因には、主に心臓発作と脳卒中があげられます。

◦ 心臓発作や脳卒中は、生命に重大な危険を及ぼす病気ですが、早く治療するほど助かる可能性が高くなります。

◦ 高齢者の窒息、入浴中の事故、熱中症なども突然死の原因であり、予防することが重要です。

◦ 運動中の心停止は人前で起こることが多く、また、電気ショックが効果的で、適切に対応すれば後遺症を残しにくいという特徴があります。

◦ 傷病者本人は、病状を重大に考えない場合があります。しかし、心臓発作や脳卒中の症状が急に起こったら、突然死を防ぐためにも周囲の人は傷病者を説得し、救急車を依頼しましょう。周囲の人は、救急車が到着するまで傷病者に付き添い、反応がなくならないか注意深く観察してください。

子供の不慮の事故
◦ 子供が死亡する原因には、主にけが、交通事故、溺水、窒息などの「不慮の事故」があげられます。

◦ 事故予防のためには、子供から目を離さないことや、具体的な予防策をとることが重要です。

人が倒れていたら

どんなところを見るのか

周囲の安全確認

◦ 傷病者がいる場所の安全を確認した上で、傷病者に近づきます。

「もしもーし！わかりますか!?」

反応の確認

わかり
ますか？

◦ 人が倒れていたら、近づいて反応があるか調べます。

◦ 肩を軽くたたきながら名前を呼んだり、「大丈夫ですか」、「わかりますか」などと呼びかけてみます。

◦ 呼びかけても目を開けなかったり返事がないときは、反応がないと判断します。

◦ 身体を揺すったり動かしたりして反応を確認するのはよくありません。

◦ 会話ができれば相手の要望をよく聞いて、必要な応急手当を行いましょう。

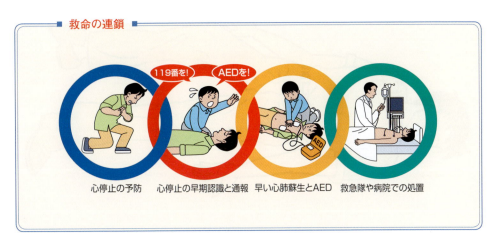

■ 救命の連鎖

119番を！　AEDを！

心停止の予防　心停止の早期認識と通報　早い心肺蘇生とAED　救急隊や病院での処置

97

救命処置の手順

① 倒れている場所は安全ですか。——→ 危険な場合には、すぐに安全な場所に移動します。（安全の確保）

② 反応を確認して、協力を頼みます。——→ 反応がなければ近くの人に協力してもらって、救急車の要請とＡＥＤの搬送を依頼します。

③ 普段どおりの呼吸はしていますか。——→ 普段どおりの呼吸がないとき又はその判断に自信が持てないときは、ただちに心肺蘇生（胸骨圧迫と人工呼吸）を行います。

④ ＡＥＤが到着したら。————→ ＡＥＤの電源を入れ、音声の指示に従って操作します。

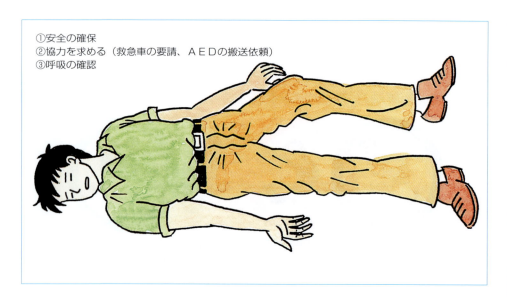

①安全の確保
②協力を求める（救急車の要請、ＡＥＤの搬送依頼）
③呼吸の確認

反応がなかったら

協力してくれる人を求める

◦ 傷病者の反応がない場合又は反応があるか
どうか迷った場合には、すぐその場で救急
車を呼んでもらったり、ＡＥＤを持ってき
てもらうなど、応急手当に協力してくれる
人を大声で求めます。

◦ 人に協力を求める場合は、必ず誰かを指名
してください。

普段どおりの呼吸がなかったら

呼吸の感じ方

◦ 目線を傷病者の胸腹部に向け、胸とおなか
の動きが見られない場合は、普段どおりの
呼吸なしと判断します。

◦ 普段どおりの呼吸がない場合又はその判断
に自信が持てない場合は、すぐに胸骨圧迫
を始めます。

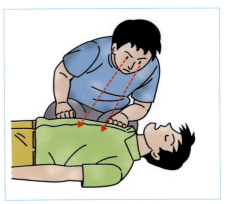

胸骨圧迫のしかた

◦ 圧迫する位置は、胸骨の下半分の位置です。
（目安は、胸の真ん中です。）

◦ この位置に手の付け根を置き、その上にも
う一方の手を重ね、成人では、胸骨を約
5cm沈むまで押し下げます。

◦ 胸骨圧迫は、1分間に100〜120回のテ
ンポでリズミカルに圧迫します。

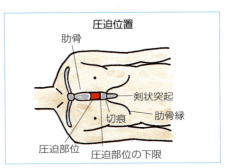

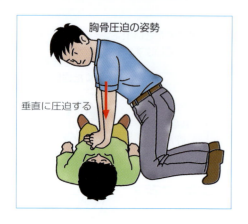

胸骨圧迫の姿勢

垂直に圧迫する

この部分で圧迫する。

■ 小児や乳児の心肺蘇生のやり方は？ ■

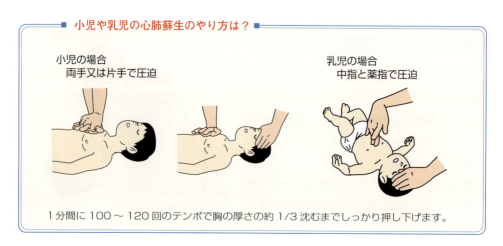

小児の場合
両手又は片手で圧迫

乳児の場合
中指と薬指で圧迫

1分間に100〜120回のテンポで胸の厚さの約1/3沈むまでしっかり押し下げます。

人工呼吸をするときは

◦ 反応のない人は、舌がのどに落ち込んだり、吐いた物や食べ物のかたまりがのどに詰まって、呼吸ができなくなることがあります。

◦ このようなときに、空気の通り道をつくることを「気道確保」といいます。

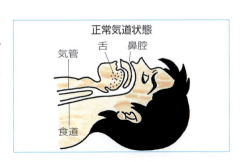

正常気道状態

気管　　舌　　鼻腔

食道

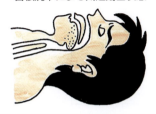

舌根沈下による気道閉塞状態

異物による気道閉塞状態

異物

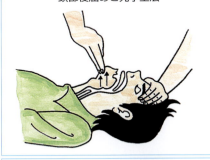

頭部後屈あご先挙上法

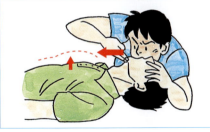

◦ 人差し指と中指をあごの先に当てて、もう片方の手を額に当てます。

◦ あごの先を持ち上げるようにしながら額を静かにうしろに押し下げて、頭をうしろに反らせます（頭部後屈あご先挙上法）。

◦ 頭部後屈あご先挙上法による気道確保をしたままで、額を押さえていた手の親指と人差指で、傷病者の鼻をつまみ、鼻の孔をふさぎます。

◦ 大きく口を開けて空気を吸い込み、そのまま傷病者の口をおおって、約1秒かけて胸の上がりが見える程度の量を2回吹き込みます。

101

心肺蘇生の継続

◦ 胸骨圧迫 30 回と人工呼吸 2 回の組合せを絶え間なく、続けて行います。

心肺蘇生のサイクル

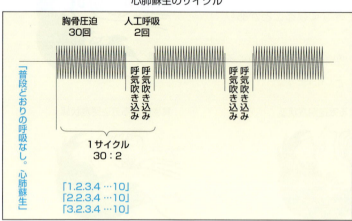

注　人工呼吸を行うときは、人工呼吸用マウス
　　ピース（一方弁付）等を使用しなくても感染
　　の危険は低いと言われていますが、人工呼吸
　　用マウスピース（一方弁付）等を使用する方
　　がより安心です。

突然の心停止では

◦ 突然死の原因は、「重症不整脈（心室細動
や無脈性心室頻拍）」による心停止の場合
が多いといわれています。そのような場合、
ＡＥＤを用いた"除細動（電気ショック）"
が最も有効な処置です。

■ ＡＥＤ（自動体外式除細動器）とは？ ■

　突然、心停止を来し意識を失った人の場合では、心臓に電気を流す電気ショックが最も
有効な処置であり、その処置を「除細動」と呼びます。2004年7月から、一般市民でも
ＡＥＤ（自動体外式除細動器）を用いた「除細動」が認められました。ＡＥＤとは、心臓
の動き（心電図解析）や除細動の必要性をコンピュータが判断してくれる機器で、操作も
非常に簡単です。

AED の種類

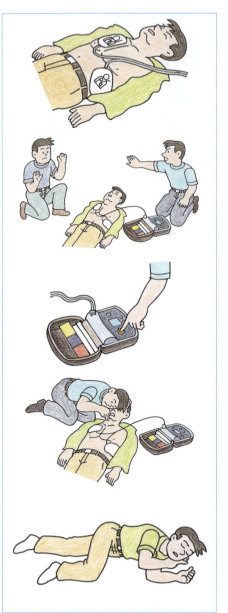

ＡＥＤの操作方法

◦ ＡＥＤの電源を入れます（機種によっては
ふたを開けると自動的に電源が入るものも
あります）。

◦ 電極パッドを袋から取り出し、電極パッド
や袋に描かれた絵のとおり肌に直接貼り付
けます（１枚は胸の右上、もう一枚は胸の
左下側です）。

◦ 音声メッセージによって「ショックが必要
です。ショックボタンを押してください。」
と指示があった場合は、誰も傷病者に触れ
ていないことを確認し、除細動（電気ショッ
ク）を行います。

◦ 除細動（電気ショック）を実行した後、速
やかに２分間（５サイクル）の心肺蘇生を
実施します。２分間経過すると自動的に解
析をはじめるので音声メッセージに従って
ください。

注　未就学児（おおよそ６歳まで）にＡＥＤを使
　　用する場合には、小児用パッドを使用しま
　　す。小児用パッドがない場合は、成人用を使
　　用してください。

ＡＥＤ使用時の注意事項

◦ 解析及び通電を行うときは、心肺蘇生を中止し、傷病者に一切触れてはいけません。

◦ ＡＥＤは、年齢に関係なく使用できますが、未就学児（おおよそ６歳まで）には、小児用パッドがあれば、そちらを使用します。

◦ 未就学児（おおよそ６歳まで）以外の傷病者に対し小児用の電極パッドを使用しないでください。エネルギーが不足し、除細動の成功率が低くなるおそれがあります。

◦ 身体が濡れている場合は、胸部全体を乾いた布等で拭き取ります。

◦ 植込み型除細動器、ペースメーカ等がある場合は（鎖骨下に膨らみがある場合）、そこを避けて電極パッドを貼ります。

◦ 貼付薬などがあった場合は、貼付薬を剥がし、薬剤を拭き取ってから電極パッドを貼ります。

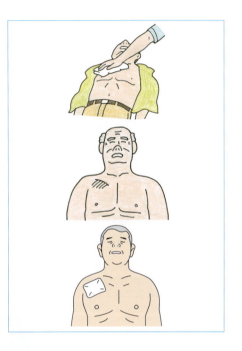

■ 食べ物がのどに詰まって取れないときは？ ■

食べ物や異物がのどに詰まると、息をすることができず、非常に危険な状態になります。一刻も早く取り除くようにしなければなりません。

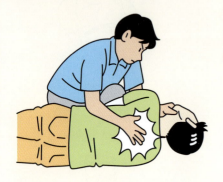

傷病者を自分の方に向かせ、下あごを片手で支えて突き出したら、肩甲骨の間を力強く連続してたたきます。

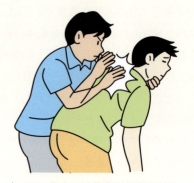

立っているときは後方から傷病者の脇の下に片手を入れて胸と下あごを支えて突き出し、肩甲骨の間を力強く連続してたたきます。

乳児の場合はうつぶせにし、その腹側に腕を通します。指で乳児の下あごを支えて突き出し、上半身がやや低くなるような姿勢にしたら、肩甲骨の間を4〜5回迅速にたたきます。

＊異物を取り除いても呼吸をしていないときには、心肺蘇生を開始します。

けがをしていたら

出血がひどかったら

出血にも種類がある

◦ 出血には３つの種類があります。

動脈性出血：噴き出すような出血で、真っ
赤な血が脈打つように噴き出し、太い血
管では、瞬間的に多量の血液を失って出
血死のおそれがあります。

静脈性出血：湧き出るような出血で、赤
黒い血が持続的に湧くように出て、太い
静脈では出血も大量となり、短時間で
ショックに陥ります。

毛細血管性出血：にじみ出るような出血
で、傷口から赤色の血がにじみ出ます。

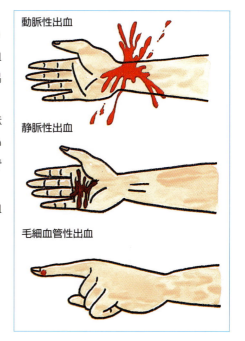

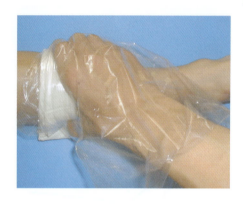

直接押さえる方法

- 基本は、傷口を清潔なガーゼや布で強く押さえる「直接圧迫止血法」です。
- 傷口を押さえるためのガーゼや布は、
    - ○清潔で厚みがあること。
    - ○傷口を十分におおう大きさがあること。
- 片手で圧迫しても血が止まらないときは、両手を使ったり、体重をかけて押さえます。

※ 感染防止を図るため、直接血液に手を触れないようにしてください。手元にビニール袋等があるときは、この中に手を入れると有効です。

（参考）止血点を押さえる方法

- 動脈性の出血が激しく続いているときに、ガーゼや包帯を準備する間に行う方法で、「間接圧迫止血法」と言います。
- 長い間押さえ続けると疲れてきて確実な止血ができなくなるので、必ず包帯などを使って直接圧迫止血を行います。

正しい止血点を押さえないと効果がありません。

止血点の位置とその押さえ方

前腕の出血(1)　　上腕の出血(1)

前腕の出血(2)　　上腕の出血(2)

指の出血　手の出血　　下肢の出血

やけどをしていたら

とにかく冷やすのが一番

∘ やけどの手当で大切なことは、できるだけ早く熱を取り除くことです。そのあとは、傷口の清潔を保つようにします。

やけどの深さ

∘ やけどの深さは3つに分けることができます。

Ⅰ度熱傷：皮膚が赤くなり、少し腫れているもの。ヒリヒリ痛みます。

Ⅱ度熱傷：水ぶくれができたり、ただれているもの。かなりの痛みを感じます。

Ⅲ度熱傷：皮膚が黒く固くなってしまったもの、または白っぽくなってしまったもの。やけどの部分は痛みませんが、そのまわりが激しく痛みます。

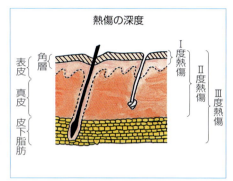

熱傷の深度

	Ⅱ度	Ⅲ度
重症	体表面積 30%以上	10%以上
中等症	15〜30%未満	2〜10%未満
軽症	15%未満	2%未満

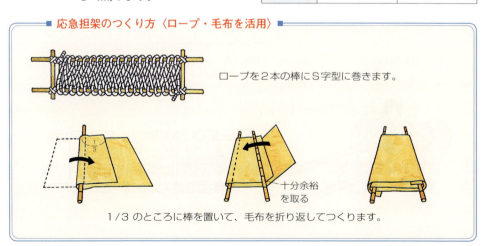

■ 応急担架のつくり方〈ロープ・毛布を活用〉■

ロープを2本の棒にS字型に巻きます。

十分余裕を取る

1/3のところに棒を置いて、毛布を折り返してつくります。

やけどをしたところを冷やす	◦ 冷やすときは、水道水などの清潔な水で冷やします。 ◦ 面積の大小にかかわらず、すぐに冷やして熱を取ります。 ◦ やけどの面積が小さいときは15分以上冷し続け、それでも痛みが続くようなら、さらに冷やすようにします。 ◦ 洋服やガーゼの上から冷やしても支障ありません。 ◦ 気温が低いときや、やけどの面積が大きいとき、乳幼児では、低体温やショックを引き起こすことがあるので冷やしすぎないように注意しましょう。 
清潔を保つ	◦ 感染を防止するためできるだけ清潔に扱い、やけどをしたところを布などで保護するようにします。 ◦ 布は、できるだけ清潔で刺激を与えない物、また、厚さが十分にある物を使います。 ◦ 面積が大きいときは、清潔なタオルやシーツなどを使います。 
注意事項	◦ やけどの部分を不潔に扱ったり、水ぶくれを破ったりしないようにします。 ◦ 無理に洋服を脱がせると水ぶくれが破れることがあるので、そのときは脱がせる必要はありません。 ◦ 重症のやけどのときは、すぐに病院に行くことが必要です。 ◦ 油やみそなどを塗ってはいけません。

■ **応急担架のつくり方〈上着を活用〉** ■

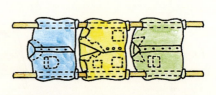

図のように2本の棒に上着を通します。

骨が折れていたら

動かないよう固定する

- 変形があったり、痛みや腫れが激しいときは、骨折している可能性があります。
- 動かないように当て木をして、早く病院へ行くようにします。

身近な物を活用した固定方法

雑誌などを使って

- 雑誌で骨折した箇所を挟み込み、固定します。
- 三角巾で首からつり、さらに体に固定します。

段ボールを使って

- 固定する部分より、長く幅の広い物を使います。
- 強度が弱いときは、重ねて使いましょう。
- 骨折したところの両側から段ボールを当てて、上下の関節が動かないように、図の①〜④の順序で固定していきます。

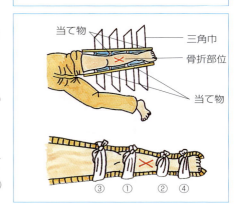

雑誌を使って固定するときは、Ｂ５サイズ以上の物を使います。

当て物　　三角巾
骨折部位
当て物

③　①　②　④

■ 三角巾を使って鎖骨を固定するとき ■

- 八つ折りにした三角巾の中心を背中に斜めに当てます。
- けがをしている側の前から肩関節を押さえながら脇の下を通して背中に回し、もう一方は脇の下から肩を巻き背中に回します。
- 両肩を静かにうしろに反らして、背中で両端を結びます。

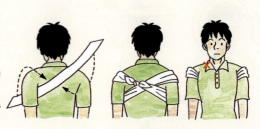

＊三角巾の詳しい説明は次頁の「三角巾の使い方」を参照

3〜5cm外側に折る

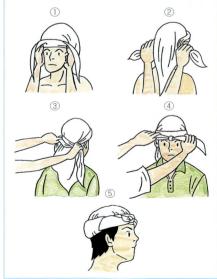

① ② ③ ④ ⑤

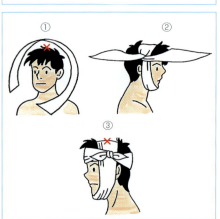

① ② ③

三角巾の使い方

保護も固定もこれ1枚

◦ 三角巾は、体のどの部分にも巻くことができる大変便利なものです。

◦ 傷口を保護したり、骨折やねんざのときに固定したりと、幅広く利用できます。

◦ 三角巾を広げて使うときは、下の部分を3〜5cm折り曲げてから使います。

頭をおおうとき

◦ 眉の上に三角巾を当て、頭全体をおおうようにしながらうしろに巻きつけ、両耳のうしろで三角巾を絞り込み、頭に密着させます。

◦ 三角巾の両端を交差させて、もう一度前に回して額のところで結びます。

◦ うしろの垂れ下がった部分は、巻き込むようにしてじゃまにならないようにします。

頭、頬、あごを巻くとき

◦ 八つ折りにした三角巾の中央から少しずらしたところを傷口に当て、適度に張りながら長い方を頬からあごにかけて巻きつけます。

◦ 両端を耳のやや上のところで交差させ、反対側へ回します。

◦ 両端を三角巾上で結びます。（傷口の上に結び目がこないように。）

112

身近な事故に備えて

やけどの原因になりやすい物

　家の中を見回してみると、やけどの原因となるような物があちこちにあります。ふだん何気なく使っているような物でも、ちょっとした不注意からやけどをすることもあります。日頃から注意しておきましょう。

のどに詰まりやすい物

　乳幼児は何でも口に入れてしまいがちです。また、大人でも食べ物のかたまりをのどに詰まらせてしまう事故も少なくありません。

　特に、赤ちゃんやお年寄りのいる家庭では、気を配っておくことが必要です。

小さい子供

おもちゃ　　　たばこ　　　硬貨　　　あめ玉・ゼリー

お年寄り

薬剤等　　　ご飯・おかず　　　お餅　　　入れ歯

家庭内での危険な例

家の中は安全だと思われがちですが、家庭内で起きる救急事故は、年々増えています。
事故の原因になるような物をチェックして、予防対策をしておきましょう。

浴槽内で乳幼児が溺れる

子供がビニール袋をかぶり窒息

浴室での転倒

カーペットのへりにつまずく

子供がベランダから落ちる

子供がドアに挟まれてけが

高齢者の居室・廊下・階段段差による転倒

日頃の心がけ

部屋では

- わずかな段差がつまずきの原因になるので、床面の高低差をできるだけなくすようにしましょう。（バリアフリー対策を）
- つまずいたり、ぶつかったりしないように、部屋は整理・整頓しておきましょう。
- 電源コードやカーペットのめくれに足をとられないように注意しましょう。（玄関マットなども両面テープなどで固定する。）

階段では

- 手すりや滑り止めをつけるようにしましょう。
- 足元がよく見えるように、明るい照明をつけましょう。
- 階段や廊下に物を置かない習慣をつけましょう。

浴室では

- 出入口や浴槽の段差を少なくし、手すりをつけましょう。
- マットやスノコは敷きつめるなど、動かないようにしましょう。
- 高齢者の入浴時には家族に知らせ、家族はこまめに声をかけましょう。

子供がいる家庭では

- わずかな時間でも乳幼児を残したままの外出は避けましょう。
- ベランダや窓の近く、階段などで遊ばせないようにしましょう。
- ベランダや窓際には、子供が登れるようなものを置かないようにしましょう。
- 浴槽や洗濯機で溺れることもあるので気をつけましょう。
- たばこや硬貨など、口に入りそうな物は手の届かない場所に置きましょう。
- 鍋やポットなど、熱い物が入っている物の付近に座らせないようにしましょう。
- 電気カーペット、電気毛布には直接肌が触れないようにしてあげましょう。
- ドアは、指などを挟まないように開閉に注意しましょう。

これだけは備えよう

ご家庭の応急手当用品をチェックしてみましょう。

備えておきたい応急手当用品

三角巾・包帯　　滅菌ガーゼ　　ばんそうこう　　体温計

はさみ・ピンセット　　懐中電灯・ナイフ　　消毒石けん　　創面消毒薬

常備薬　　マスク　　安全ピン　　収納カバン類

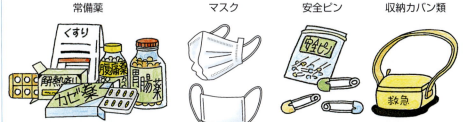

・解熱剤・胃腸薬・風邪薬・腹痛薬
・そのほか家庭で使っている薬など。

個 人 情 報 カ ー ド

個人の記録

氏　名	フリガナ　　　　　　　　　　　　男・女	生年月日	血液型	写　真
自　宅	住所　　　　　　　　　　　　　TEL			
会　社	住所　　　　　　　　　　　　　TEL			
既往症・アレルギー・身体的特徴等				

家族の記録

氏名	勤務先・通学先	最寄りの避難場所
生年月日・血液型	住所　　　　　　　　　　　　TEL	
氏名	勤務先・通学先	最寄りの避難場所
生年月日・血液型	住所　　　　　　　　　　　　TEL	
氏名	勤務先・通学先	最寄りの避難場所
生年月日・血液型	住所　　　　　　　　　　　　TEL	
氏名	勤務先・通学先	最寄りの避難場所
生年月日・血液型	住所　　　　　　　　　　　　TEL	

知人・親類の連絡先

氏名	間柄	住所　　　　　　　　TEL
氏名	間柄	住所　　　　　　　　TEL
氏名	間柄	住所　　　　　　　　TEL
氏名	間柄	住所　　　　　　　　TEL

携帯電話等での連絡先

氏名	番号 メールアドレス	氏名	番号 メールアドレス
氏名	番号 メールアドレス	氏名	番号 メールアドレス
氏名	番号 メールアドレス	氏名	番号 メールアドレス

証書の控え

健康保険No.		社会保険No. （マイナンバー）	
運転免許証No.		パスポートNo.	

かかりつけの病院

病院名	住所	TEL
病院名	住所	TEL

金融・証券関係の控え

銀行名	支店名	口座番号	TEL
銀行名	支店名	口座番号	TEL
銀行名	支店名	口座番号	TEL
保険会社（生保）	保険種類	証券番号	TEL
保険会社（生保）	保険種類	証券番号	TEL
保険会社（損保）	保険種類	証券番号	TEL
保険会社（損保）	保険種類	証券番号	TEL
クレジット会社　　　　　　No.		クレジット会社　　　　　　No.	
クレジット会社　　　　　　No.		クレジット会社　　　　　　No.	

そのほかの公共機関

都道府県庁	住所	TEL
市役所	住所	TEL
警察署	住所	TEL
消防署	住所	TEL
保健所	住所	TEL
水道局	住所	TEL
電気会社	住所	TEL
ガス会社	住所	TEL

これだけは備えておきたい 非常持出品リスト

1. とっさに持って逃げる物（第1次持出品）

＊家族それぞれのリュックに入れておきましょう。

	項　　　　目	点	検	日
貴重品	現金（5万円程度。お札と小銭に分けて）			
証書類	預金通帳、印鑑			
	各種保険証書、権利証書			
	免許証、健康保険証、パスポート、マイナンバーカードなどのコピー			
連絡メモ	個人情報カード（自分の住所、家族の連絡先を書いたもの）			
	アドレス帳（知人に連絡をとる場合のため）			
	家の合鍵（ふだんから家族全員が持っておくようにしましょう）			
非常食品	乾パン、缶詰			
	飲料水			
	粉ミルク、離乳食			
救急用品	ばんそうこう			
	ガーゼ、包帯、三角巾			
	湿布薬、消毒薬、傷薬、解熱剤、胃腸薬、鎮痛剤、かぜ薬、目薬、常備薬			
	毛抜き、綿棒、つめ切り、カミソリ、安全ピン			
	体温計			
衣類	下着、セーター、ジャンパーなどの上着			
	レインコート（傘よりも持ち運びに便利）			
	軍手、手袋			
生活用品	洗面用具（歯ブラシセット、石けんなど）			
	生理用品、紙おむつ、ほ乳瓶			
	ビニール袋、大きなゴミ袋			
	ティッシュペーパー、トイレットペーパー			
	筆記用具、はさみなど			
その他	携帯電話			
	携帯用ラジオ			
	懐中電灯（家族の人数分）、予備の電池（多めに）			
	マッチ、ライター、ろうそく			
	ナイフ			
	時計			
	お薬手帳			

（チェック欄）

2．避難所生活のために備えておく物（第2次持出品）

＊すぐ持ち出せるように準備しておきましょう。

項	目	チェック欄		
		点	検	日
食料	缶詰やレトルトのご飯（お湯だけでご飯になるアルファ化米も市販されている） 高カロリーの保存食、乾パン			
	缶詰やレトルトのおかず、インスタントラーメン 切り餅、チーズなど			
	インスタントのみそ汁やスープ、調味料			
	チョコレート、梅干し、のどあめなど			
水	ポリタンクやペットボトルで保存しておく（大人一人あたり1日3ℓが目安）			
燃料	卓上コンロ、ガスボンベ（多めにストック、1本で約2時間）、固形燃料			
衣類	下着、上着、セーター、ジャンパー、靴下（季節ごとに入れかえておく）			
日用品	毛布、タオルケット、シーツ、寝袋			
	ドライシャンプー（断水時に重宝）			
	タオル、バスタオル			
	鍋、ヤカン			
	簡易食器（割りばし、紙皿、紙コップ、スプーン、フォーク） 缶切り、栓抜き、果物ナイフなど			
	キッチン用ラップ、アルミホイル（食器にかぶせて使えば洗わずに済む）			
	ウェットティッシュ、トイレットペーパー			
	筆記用具（紙、油性マジック、セロハンテープなど）			
	ガムテープ（特に布製。荷物の整理、ひびの入ったガラスの修理などに）			
	大きなゴミ袋（水の保管容器や簡易トイレにもなり、幅広く役立つ）			
	マスク、風呂敷、使い捨てカイロ、新聞紙、裁縫セットなど			
	生理用品、紙おむつ（予備として多めに）			
その他	笛（家屋の下敷きになった場合など、居場所を知らせるために）			
	ひも、ロープ			
	ふた付ポリバケツ（水の保管用）			
	キャリーカート（水や食料など重い物を運ぶときに便利）			
	自転車			

3．避難・救助のために備えておく物

項	目	点	検	日
消火用具	消火器、三角消火バケツ、風呂の水は常に溜めておく（バケツ、手おけも置いておく）			
救出用具	のこぎり、おの、金てこ、バール、ハンマー、スコップ、車のジャッキ 防塵メガネ、防塵マスク、ヘルメット			
その他	ビニールシート（敷物として使うほか、壊れた屋根や窓の雨よけにもなる） 段ボール			

参考及び引用文献

『あなたは安全ですか　奥さまの防災百科』東京消防庁企画・編集・発行

『応急手当講習テキスト〈救急車がくるまでに〉』東京法令出版㈱制作

『応急手当指導者標準テキスト』
　　応急手当指導者標準テキスト改訂委員会編集、東京法令出版㈱発行

『旺文社ムック　地震の知恵119』㈱旺文社発行

『火災と地震―あなたの身をまもるために―』㈶日本防火協会編集、第一法規出版㈱発行

『火災などの災害から高齢者や身体の不自由な方の命を守る防災ガイドブック』
　　東京消防庁生活安全課企画・編集・発行

『家族を守る地震・防災マニュアル手帳』㈱ブティック社発行

『家庭防火のポイント』自治省消防庁予防課監修、㈶日本防火研究普及協会制作

『驚異の科学シリーズ㉑　保存版地球環境白書　今「地震」が危ない』
　　㈱学習研究社発行

『地震！その時私は…』櫻井恵美子・池田博子編、㈱至誠堂発行

『地震に備えて　いま一人ひとりにできること!!』東京消防庁生活安全課企画・編集

『地震に備えて　大地震が東京を襲ったら!!Ｑ＆Ａ』東京消防庁生活安全課企画・編集

『地震を知ろう』東京法令出版㈱制作

『大震災に備えて』港区発行

『大都市防災マニュアル』ＰＨＰ研究所発行

『高潮災害とその対応』制作：内閣府・消防庁・農林水産省・水産庁・国土交通省・
　　気象庁

『竜巻等突風災害とその対応』制作：内閣府・気象庁

『地域防災データ総覧』㈶消防科学総合センター発行

『津波から命を守るために』気象庁制作

『阪神大震災に学ぶ「イザ」という時100マニュアル』㈱毎日新聞社発行

『不意の災害から家族を守る　生き残り術101』日立エレベーターサービス㈱発行

『防火管理マニュアル』火災予防査察研究会編著、東京法令出版㈱発行

『防災・減災お役立ガイド　風水害編』愛知県発行

『防災の知識と対処』望月利男監修、㈱中央通信社編集・制作

『防災・阪神大震災に学ぶ』㈱学習研究社発行

『防災パンフレット』大田区発行

『保存版　家庭防火のポイント』自治省消防庁予防課監修、㈶日本防火研究普及協会制作

『マンションの暮らしを守る防災読本』大成サービス㈱発行

『身につけよう応急手当　上級救命講習テキスト　ガイドライン2015対応』
　　東京消防庁・東京都福祉保健局・東京都医師会監修、公益財団法人　東京防災救急
　　協会救急事業本部編集、東京法令出版㈱発行

『みんなで創る防災のまちKOBE』神戸市発行、東京法令出版㈱制作

『みんなの防災　風水害編』東京法令出版㈱制作

『monoセイフティ・マニュアル　マグニチュード手帳生き残り生活術』
　　㈱ワールドフォトプレス発行

『わがまちを守る　防災リーダー用教本』東京消防庁生活安全課企画・編集

『わたしの防災サバイバル手帳』消防庁制作

防災サバイバル読本 そのときどうする

平成 10 年 5 月 1 日	初 版	発 行
平成 14 年 7 月 1 日	2 版	発 行
平成 17 年11月 5 日	3 版	発 行
平成 19 年 3 月25日	4 版	発 行
平成 24 年10月 5 日	5 版	発 行
平成 28 年12月 5 日	6 版	発 行
令和 元 年 8 月10日	7 版	発 行
令和 4 年 3 月20日	7 版 5 刷	発 行

編　集／一般財団法人 日本防火・防災協会
発行者／星　沢　卓　也
発行所／東京法令出版株式会社

112 − 0002	東京都文京区小石川 5 丁目 17 番 3 号	03(5803)3304
534 − 0024	大阪市都島区東野田町 1 丁目17番12号	06(6355)5226
062 − 0902	札幌市豊平区豊平 2 条 5 丁目 1 番27号	011(822)8811
980 − 0012	仙台市青葉区錦町 1 丁目 1 番 10 号	022(216)5871
460 − 0003	名 古 屋 市 中 区 錦 1 丁 目 6 番 34 号	052(218)5552
730 − 0005	広 島 市 中 区 西 白 島 町 11 番 9 号	082(212)0888
810 − 0011	福岡市中央区高砂 2 丁目 13 番 22 号	092(533)1588
380 − 8688	長 野 市 南 千 歳 町 1005 番 地	

〔営業〕TEL 026(224)5411　FAX 026(224)5419
〔編集〕TEL 026(224)5412　FAX 026(224)5439
https://www.tokyo-horei.co.jp/